课堂重构，

释放大脑学习潜力

好未来脑科学实验室 著

科学出版社

内 容 简 介

"唯分数论""学习焦虑"等教育问题引发全社会的讨论，"全脑教育""脑力开发"成为行业热门词。越来越多的教育研究者、一线老师和家长们都在关注与探索学习的背后有着怎样的机制和奥秘。本书从教育神经科学的角度出发，结合对教育的实践探索，为大家揭示学生喜欢学习的原因以及学生擅长学习的秘密，在呈现大量理论支持的同时，也提供诸多真实生动的案例与指导。

教育模式与人才需求正在发生根本性的变革，如何从对"教"的打磨转向对"学"的关注、从对"教书"的追求转向对"育人"的思考，从而激发每个独一无二的孩子，本书都会给你不同的体会和答案。

本书可供教育工作管理者、中小学师生和家长，以及对教育心理学感兴趣的读者参考。

图书在版编目（CIP）数据

课堂重构，释放大脑学习潜力 / 好未来脑科学实验室著. —北京：科学出版社，2021.6

ISBN 978-7-03-068437-0

Ⅰ. ①课… Ⅱ. ①好… Ⅲ. ①教育学－神经科学－应用－学习方法－教学研究 Ⅳ. ①G442

中国版本图书馆CIP数据核字(2021)第050283号

责任编辑：李　敏 / 责任校对：樊雅琼
责任印制：肖　兴 / 封面设计：林海波

科 学 出 版 社 出版

北京东黄城根北街16号
邮政编码：100717
http://www.sciencep.com

北京汇瑞嘉合文化发展有限公司 印刷
科学出版社发行　各地新华书店经销

*

2021年6月第 一 版　开本：880×1230　1/32
2021年6月第一次印刷　印张：5 1/2
字数：100 000

定价：49.00元
（如有印装质量问题，我社负责调换）

序

　　一直以来，社会各界对青少年的学习非常关注，由此也讨论过很多问题，其中最核心的就是：人究竟是怎么学习的，怎样才能促进有效的学习？而这个问题正是当前一个新的学科——"学习科学"力求要解决的。

　　学习科学（learning sciences）是国际上近30年来发展起来的关于教和学的跨学科研究领域，涉及教育学、信息科学、认知科学、生物医学等众多研究领域。学习科学领域的知名学者R. 基思·索耶在《剑桥学习科学手册》中提到：学习科学研究的目标，首先是为了更好地理解认知过程和社会化过程以产生最有效的学习；其次是用学习科学的知识来重新设计课堂和其他的学习环境，从而使学习者能够更加有效和深入地学习。

　　从定义和研究目标可以看出，学习科学致力于在脑、心智和真实情境的教学之间架起桥梁，用基础学科的研究成果去理解课堂中的教学。当然，也有人担心这个桥梁太长了，基础的太基础，应用的太应用，很难架起来。但是也有人讲，脑科学、大数据、人工智能等新技术就像一个个桥墩子，也许有一天就真的架起来了。到那一天，教育可能就会发生真正的深层次变革了。

在学习科学的发展过程中有两个重要的支柱：一个是包含了人工智能、信息技术、教育技术的学习技术，致力于用技术重新设计学习环境；另一个就是教育神经科学，也即将神经科学、心理学、医学与教育学整合起来，研究人类教育现象及其一般规律的横跨文理的新兴交叉学科，致力于从神经水平上理解人的认知和学习机制。

该书就是聚焦于教育神经科学，提出"激发动力、培养能力"的理念，希望从脑科学的角度分别解释学生爱不爱学习、会不会学习背后的原因，并结合大量案例介绍如何在课堂上激发学生的学习动力和培养学生的学习能力。该书既有理论，又有实践案例，可读性比较强，相信对于一线教师和学生家长有比较重要的借鉴意义和参考价值。

北京大学教育学院学习科学实验室执行主任

尚俊杰

2021年4月

前言

　　近年来，随着家长对教育的关注和投入与日俱增，"左右脑开发""全脑教育"成为行业热门词，缺少脑科学科研理论支撑的脑类教育产品、书籍、文章、资料充斥市场与网络，严重影响家长对教育的理解与判断。

　　实际上，基于儿童、青少年认知发展规律的教与学，是近20年来神经科学家、心理学家、教育学家持续研究的课题，并逐步形成了一门新兴的交叉学科 —— 教育神经科学。当前，很多从事于教学一线和教育研究的老师们，都在尝试寻找能够应用到教学实践中的脑科学研究成果，而教育神经科学的发展将大幅推动理论在教育应用中的赋能。教育神经科学以实现教育决策与实践的科学化为目标，注重教与学的脑生理机制，强调在教育实践中探索和验证方案，目前在阅读、数学学习等领域的教育干预和预测上都取得了具有应用价值的进展。

　　本书即是从教育神经科学的角度出发，结合对教育工作的实践探索，提出"激发动力、培养能力"的教育理念，一方面介绍相应的理论研究成果，另一方面用浅显易懂的语言，分析学生在学习动力和能力上的多种行为表现，并通过对真实案例的解析，为老师和家长提供实践方法指导。

本书共分为三章。第一章从学习的本质出发，介绍两个重要的教育理念，并从脑科学的角度分别解释学生爱不爱学习、会不会学习背后的原因。第二章着重介绍如何在课堂上激发学生的学习动力，从学习动力模型出发，剖析老师行为与学生动力表现的关系，以及如何帮助学生建立归属感、胜任感与意义感。第三章则围绕学习的能力培养，分别介绍阅读、沟通、探索、抽象思维、思辨思维、创造思维这六项学生成长学习背后的底层能力，针对每项能力提供常见问题的案例解析、训练逻辑以及课堂实操方法，并且以六项学习能力为基础，从脑与认知科学的角度，提炼了语素意识、词汇网络、空间认知等与语文学习、思维学习密切相关的脑能力，在书中给出相应的内涵说明与训练指导。

本书由好未来教育集团脑科学实验室团队共同撰写，系科学技术部科技创新2030—"新一代智能"重大项目"智慧教育人工智能开放创新平台"（项目编号：2020AAA0104500）阶段性研究成果。其中，第一章由冯慎行、高悦、马靓完成；第二章由马靓、马晓晴、闫婷婷完成；第三章由白璐、陈沫、高悦、马维灿、宋浩铭、吴珊珊、杨子鹏、张新荷完成；全书最后由李睿、吴承峰、王洁敏、于辰晨统稿。本书在撰写过程中得到好未来教育集团媒体公关部和学而思培优、学而思网校、学而思一对一各业务同事的支持和帮助，在此谨向他们表示衷心的感谢；同时也感谢其他为本书做出过贡献的同事：高青林、高维、梁恩泽、刘懿娴、孙佰虎、向慧雯、杨晓东、邹一祎。

教育神经科学在教育领域的应用发展是一项长期而又艰巨的任务，需要"产学研用"多方协作才能更顺利推进、显现效果。目前仍有诸多问题亟待深入探究，期望我们的工作能抛砖引玉，促进更多研究者、一线教育工作者共同关注、协同探索。

有任何问题或者反馈，请联系好未来脑科学实验室公共邮箱：brainlab@tal.com。

本书作者

2021年3月

目录

参考文献

第一章

做学习的 『乘法』

学习的本质是什么

人从出生开始到学会说话、学会识字，进而掌握各种知识和技能，其实是一个特别"自然"的过程。人的生命也是在这样的学习中不断发展和延伸。学习，其实是一个在人类进化历史中留存在基因中的元素。

学习对人的核心改变就是在大脑。人类对自身大脑的好奇始终没有停止，而对神秘大脑的研究也一直在持续进步。大脑的不同部位在学习的过程中发挥了怎样的作用？人的大脑是如何接受新知识的？这些研究不仅有利于我们丰富人类的认知，使我们更好的进步，也对人工智能的研究带来了很大的启发。

学习到底是一件什么样的事情呢？

学习是人们在已有知识经验的基础上，理解与建构新知识的过程，即知识通过感觉通道进入大脑，与先前相关的知识建立连接，形成新的神经通路，并通过不断的复习巩固加以强化，最终实现知识的应用与迁移。总而言之，学习是一个通过丰富知识体系，提高学习能力，同时发展认知能力，最终塑造大脑的过程。

在这个过程中，有两个关键的信息，第一个信息，是新知识在大脑中形成新的神经通路，这就是我们通常说的"学会"的过程，这个过程是需要付出时间和精力的；第二个信息，是大脑对于这个过程的"意愿"问题，任何一个消耗能量的事情，我们都会天然的躲避，所以在大脑中也有结构调整"意愿"，让我们可以做消耗能量的事情。在第一部分，我们将就"意愿"和"学会"两个关键部分展开讨论，在脑科学的视角看来，一个好的教育是什么样的。

两个重要的教育理念

理念溯源：做学习的"乘法"

过去以老师为主体的"填鸭式"教授方法，早已被"以学生为中心"和"以学定教"的教学方法所替代。伴随着社会演进、教育行业的发展以及对"学生本位"思考的深入，让我们开始从对"教"的打磨转向对"学"的关注，从对"教书"的追求转向对"育人"的思考，从学习背后的发生机制研究如何激发每个独一无二的孩子。

好未来教育集团（简称"好未来"）创始人兼首席执行官

（Chief Executive Officer，CEO）张邦鑫在集团成立16周年庆祝会上讲话时提出，集团要不忘初心，教育不能只停留在讲好题，更要在有限的时间内做学习的"乘法"，并明确提出了"激发动力，培养能力"的教育理念。动力包括归属感、胜任感和意义感三部分，是教学的根本所在；能力包括阅读、沟通、探究三项学习能力和抽象、思辨、创造三项思维能力，培养能力可以让学生受益一生。

好未来教育理念的转变，来自于对当下教学场景特点的思考：一个学生一周有$7 \times 24 = 168$个小时，而在好未来等课外辅导机构深度学习的时间可能只有短短的几个小时，要真正帮助到学生，必须通过科学、有效的教育方式与内容，撬动学生自身的学习能力与兴趣。

激发动力：学生喜欢学习的原因

说到底，这是学生爱不爱学、想不想学的问题。在教学中，总会遇到很多学生，他们不是不聪明或者能力不行，而是态度有问题，不愿学习，敷衍了事。

张邦鑫曾分享过一个小故事。他有一个好朋友，家庭条件比较好，孩子也很聪明，但是报辅导班、请家教，进步都不明显。张邦鑫跟孩子交流过之后，发现这个孩子一直在疑惑"为什么要好好学习"的问题，学习好也带不来成就感，所以他没有学习动力。

如果只给孩子灌输知识，但忽视了激发孩子的学习动力，那么，即便我们给孩子上最好的课程，孩子也听不进去、吸收不了。

培养能力：学生擅长学习的秘密

学习能力是学生会不会学的问题。我们在教学中会发现：有的学生很聪明，一学就会、一点就透；有的学生就迟缓些，重复几次才能消化理解。有的学生面对复杂问题，很快就能给出解决方案，条理清晰；有的学生却连注意力都很难集中，听着课都会不自觉走神。学习能力就像一把钥匙，有了钥匙，就开启了自主学习的大门，学什么知识都能事半功倍、举一反三。就像阅读能力，不只是让学生学会读书，更能帮助他们运用阅读能力来学习知识、解决问题。阅读能力突出的学生，他们的写作和表达能力也不会差，而且知识体系丰富、思维灵活、善于提取关键信息，对数学的学习也有重要影响。由此可见，在学好知识的同时，培养学习能力，对学生毕生发展都有帮助。

由"激发动力，培养能力"的教育理念出发，好未来各项业务也正在以此为出发点优化产品设计和教学服务。好未来脑科学实验室作为教育行业首个研究"脑科学+教育"的专业机构，也借此契机，结合自身的研发工作，对集团教育理念进行科学层面的理论解析，并探索如何在教育实践中提出可操作的解决方案。

学习背后的脑科学依据

从脑科学角度看学习动力

如果我们把生活和工作中遇到的事情进行归类，大概可以按照"想不想干"和"干不干得好"这两个维度分成四类。第一类事情是"想干，而且能干好"，如果我们的生活和工作中大量的事情是这一类，就会很幸福。第二类事情是"不想干也干不好"，这样的事情应该不会太多，太多了生活就会很灰暗。比较有趣的是剩下的两类事情，一类事情是"愿意做，但是不一定干得好"；另外一类事情是 "能干好，但是不一定愿意去做"。虽然这是非常常见的生活经验，但是背后的脑科学原理却十分值得我们探究，一个人想不想做一件事，和能不能做好一件事，属于动机和能力这两件相对独立的事情，在大脑中，它们是由不同的神经机制掌管。学习也是如此。从实质上讲，能不能学好主要是由大脑在学习过程中的信息加工能力决定的，如注意、转换、编码、存储、提取等，但其实还有一个同样重要的要素，那就是是否具备学习的动机。

动机是激发和维持我们行动的驱动力，它决定了人们会如何决定、是否坚持，以及能否对一件事持续投入。我们平时所说的学习动力，其实就是学习者对学习的价值判断。我们可以把学习动力理解为下列几个问题的集合：

① 我愿不愿意主动学习？

② 我愿不愿意在学习任务中付出努力？

③ 我愿不愿意持续投入和坚持学习？

大部分时候，对这三个问题的回答一定有"不"，只有极少数学生才会都回答"是"。这样的想法其实正是我们对"动力"这个问题的自然反应，也是符合大脑认知规律的。试想如果大部分人在学习动力上都不存在问题，那大概率"学习"也不会成为一件有区分度的事情。脑科学所要探讨的问题，就是我们是否有办法，改变或者改善对上述三个问题的回答。

从科学角度出发，动机来自哪里？

首先，人们更喜欢做对自己价值更大的事情；其次，在行为达成之后会得到奖赏，感觉到愉悦；最后，在行动的过程中，有能力根据实际情况调节自己的行为。根据三类不同层次的动机来源，我们可以将相关脑区划分为三个回路，分别是奖赏回路（reward circuit）、价值通路（valuation pathway）、自我调节网络（self-regulation network）。

这三个回路是如何协同作战产生学习动力的呢？

首先，当我们期望环境中存在奖赏，或者在行动后得到奖赏的时候，"奖赏回路"被激活，于是当我们真的受到奖励的时候，就感觉到"快乐"。这可以解释为什么在学习中，学习者往往会在意"奖励"。"期末考好了给奖励"的背后是有科学依据的。

在此基础上，当我们需要做出判断的时候，比如说"我还要不要继续做题"，这个时候"价值通路"被激活，影响着我们的价值评估和决策选择。价值通路的不同结构共同作用影响我们的决策。有的部分负责 "我想做什么"；有的部分负责"我不想做什么"；也有的部分负责处理"对事情的评价""帮助权衡利弊"或者和过往的"情感经验"相联系，可以说任何信息改变，也都有可能影响到最终的决策，比如说和孩子沟通"学习有什么用"，或者是单纯的陪伴在孩子身边看着他学习，也许都会对最终的学习动力产生正面的影响。

最终，"自我调节网络"负责在目标实现过程中调整行动计划，促进目标的实现。这其中有结构负责保持目标，起到认知控制的作用，也有结构负责处理变化信息。当一个孩子在大部分事情上都能够保目标并且调整行动的时候，他在学习上也会受益。

大脑中与动机相关的神经机制，帮助我们发现学习动力其实是一个多因素、复杂的动态过程，而激发学习动力的过程，其实也是这三个回路之间相互作用的过程。在这个过程中，"内因"仍然起决定性作用，但是通过外部因素刺激，逐渐建立和改善个体内部持久、稳定的学习动力机制，这就是教学过程的力量，学习动力是可以被逐步激发的。

通过大量的实践案例（本书也有许多案例供读者参考）研究，在影响动力的复杂因素中，好未来脑科学实验室聚焦在课堂教学过程，围绕学习者的内部动机，构建了经过充分实践且具有良好效果的学习动力模型（图1-1）。从基础需求到高级需求，依次为"归属""胜任"和"意义"。

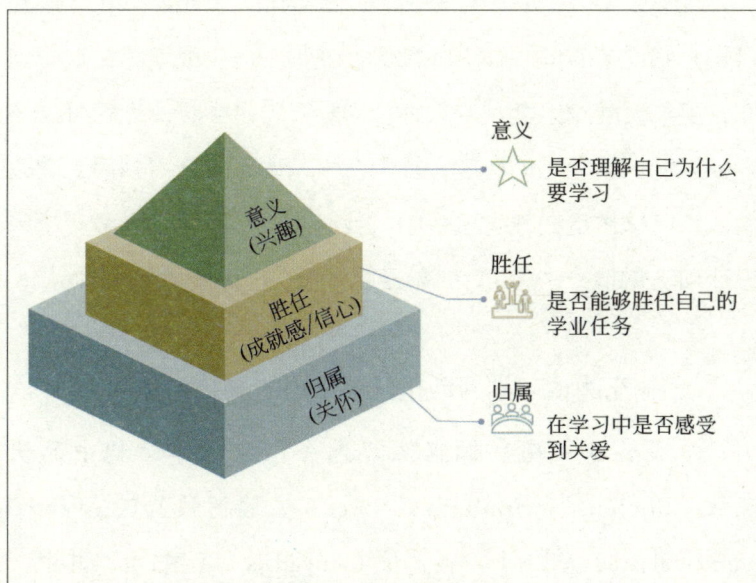

意义
☆ 是否理解自己为什么
要学习

胜任
是否能够胜任自己的
学业任务

归属
在学习中是否感受
到关爱

图1-1　学习动力模型

"归属"强调能使学习者感到安全与被接纳的学习氛围，以及老师和学生之间的情感连接。人在一个安全稳定的环境中，更容易聚焦在学习活动中。

"胜任"强调持续让学习者获得信心和成就感。奖赏包括外在的刺激和内在的愉悦。"我学会了""我学明白了"，这种感受对于学习者来说，其实是很大的自我奖赏。

"意义"强调学习者理解自己为什么要学习，以及学习能够带给自己的现实价值与长远意义。之所以这件事在模型的顶端，是因为要做到这件事其实很困难，但是如果做到了，内在动力的激发效果也是最明显的。

在模型中，"归属"是基础，如果学习者对课堂和环境没有安全感，随时担心被老师批评，就不会产生成就感，缺乏信心，更不会激发出学习的兴趣。"胜任"是中坚，大部分学习者如果能达到胜任的程度，其内在学习动力就会得到很大的改善。所以这也是在教学过程中，我们对课堂难度和进度着重去设计和研究的。"意义"既是最终目标，也是最高级状态。

补充阅读　学习动机三个回路的脑结构基础

组成奖赏回路的脑区主要包含：纹状体结构中的伏隔核（nucleus accumbens，NAcc）、腹侧被盖区（ventral tegmental area，VTA）、杏仁核（amygdala）（图1）。其中，伏隔核所在的纹状体是奖赏中心，是快乐情绪产生的地方；腹

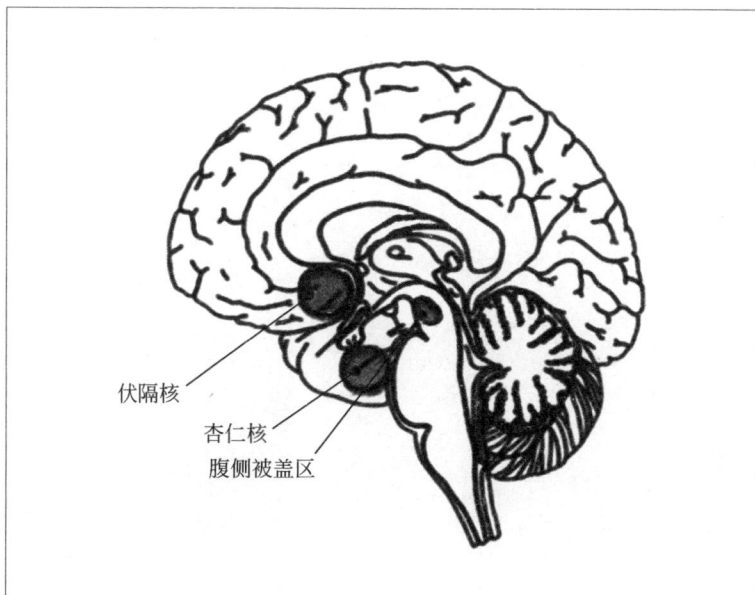

伏隔核

杏仁核

腹侧被盖区

图1　奖赏回路

侧被盖区会产生多巴胺，激活纹状体；杏仁核是负面情绪产生的地方，促使人们回避不良的外界环境。

　　组成价值通路的脑回路主要有：眶额皮层（orbitofrontal cortex，OFC）、前额叶皮层（prefrontal cortex，PFC）、前扣带皮层（anterior cingulate cortex，ACC）和腹内侧前额叶皮层（ventromedial prefrontal cortex，VMPFC）（图2）。其中眶额皮层分为内侧眶额和外侧眶额：内侧眶额感受趋近的价值，就是影响着人们想去做什么；外侧眶额感受厌恶价

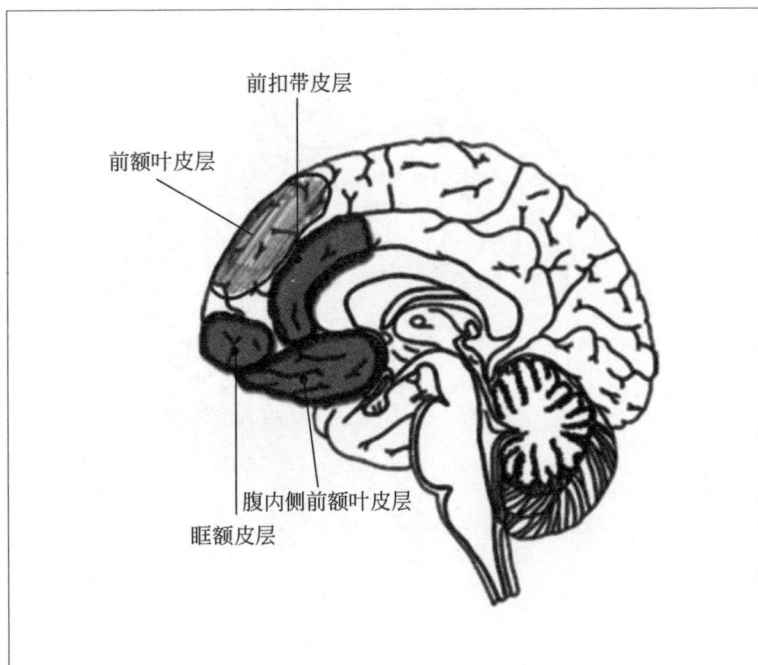

图2　价值通路

值，就是影响着人们不想去做什么；前额叶皮层负责在价值决定过程中的认知解释和评价；前扣带皮层则负责处理价值冲突的信息，帮助人们权衡利弊；腹内侧前额叶皮层则负责处理与存储情感相关的信息。

自我调节网络主要包含背外侧前额叶皮层和前扣带皮层（图3）。其中，背外侧前额叶皮层起到保持目标、进行认知控制的功能；前扣带皮层则具有处理变化信息和调配其他脑区认知资源的作用。

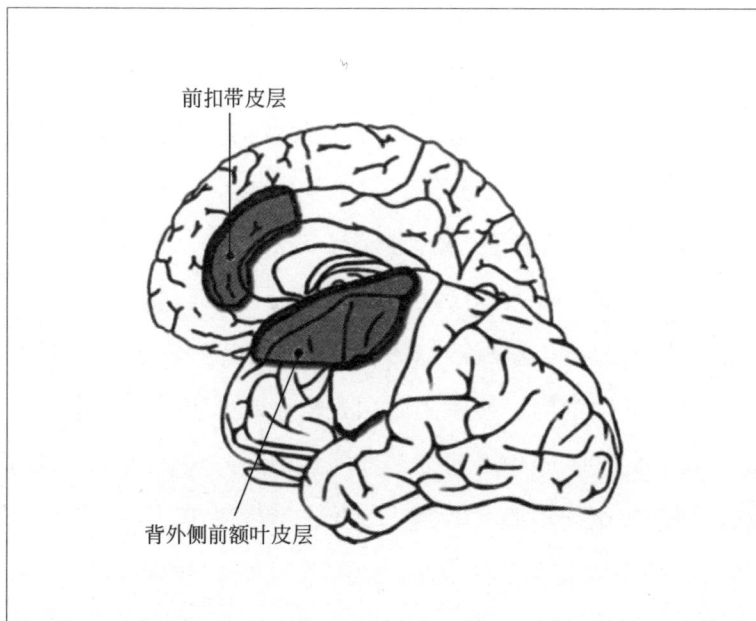

前扣带皮层

背外侧前额叶皮层

图3　自我调节网络

从脑科学角度看学习能力

"学习能力"是指学生对新知识进行加工、分析与理解，并将其整合到自己知识体系中的能力。能力强的学生，大脑可以高效地整理、加工与解释各类信息，主动发现问题，并探究解决问题的最优方法。学生学习能力的提高，可以促进他们知识体系的不断完善，使他们在未来社会中拥有更强的竞争力，并实现人生价值。

在学习的过程中，学生需要运用和提升阅读、沟通、探究、抽象思维、思辨思维和创造思维这六种学习的能力。

起初，学生通过阅读，由文字向大脑输入信息，学习知识；通过沟通，与其他人交流，在社会互动中表达和理解各种观点。进而，学生开始探究，在未知的世界中不断思考、摸索，激发大脑神经活动，感到好奇，进而求知、提问。

在此基础上，学生运用抽象思维、思辨思维和创造思维，整理、分析、拓展已有的知识，解决存在的问题。知识和问题被化繁为简、抽象出底层逻辑，以此出发，学生思辨地发现问题的不同角度，创造性地找到新方法，从而完成对知识的迭代更新和最终掌握。至此，学生又可以阅读更多的书籍、与更富智慧的人沟通、在更广阔的世界中探究，在"探索世界、解决问题"的良性循环中培养能力，从而受益一生（图1-2）。

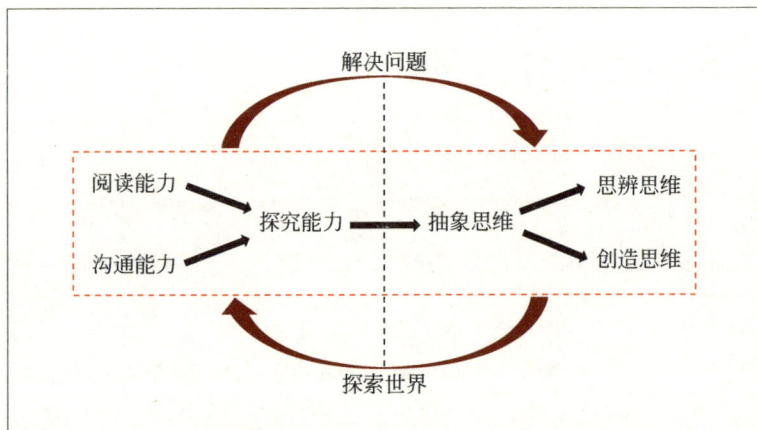

图1-2　受益一生的能力

从脑与认知科学的研究来看，学习能力可以通过脑影像、行为实验和认知测验的方法进行客观的衡量、评估，并通过一系列认知任务进行专项的训练提升。认知任务训练从能力的某个侧面，聚焦学习活动和解决问题过程，将最为核心的要素提取出来，并开展周期性、阶段性的训练计划。在教学中，这种训练可以用课件中的交互动画呈现，辅以配套的教学策略和方法，也可以通过新型教具的形式，渗透课堂和家庭教育场景。而在连续评估的基础上，训练方案将会适配学生的发展水平，在能力发展的关键时期，有效提升相应的学习能力（图1-3）。

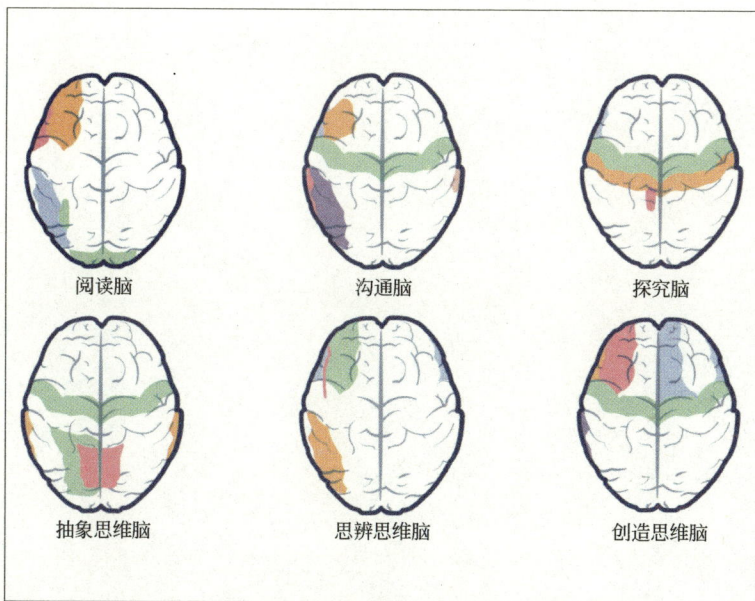

阅读脑　　　沟通脑　　　探究脑

抽象思维脑　　　思辨思维脑　　　创造思维脑

图1-3　六种学习能力对应脑网络示意

　　六种学习能力都调用了一系列具有各自特异化功能的大脑区域。在执行相关的任务时，活跃在脑区间的神经连接不断增强，活跃的神经网络也逐渐形成。儿童青少年时期，伴随着大脑发育，多种学习能力都存在相应的发展机遇期，通过与教学内容相融合的练习设计，能更有效地构建、巩固和增强活跃的神经连接，提高神经活动的效率。随着训练的进阶，脑区之间的连接得到增强，任务执行也更加高效，学习的能力在原有神经网络的基础之上得以提高。所以，培养能力的本质，就是为学生构建、巩固、强化"学习的大脑"。

第二章

学生喜欢学习的原因

归属感：先有关心，才有学习

影响学生学习的因素有很多，比如家庭环境、学习经历以及个人性格等，其中我们最容易忽略但也是最重要的部分则是学习动力。在学习中，学习动力是学生所做的价值判断，即我是否愿意主动学习，是否会在学习任务中付出努力、投入与坚持。如果把学习比作一段旅程，那么学习动力就是开启这段旅程的钥匙。

在推动好未来教育理念落地的探索过程中，基于人的内在需求和大脑的动态学习规律，好未来脑科学实验室提出了学习动力模型（见图1-1）。模型由"归属""胜任""意义"三个内在动机构成。

我们可以看到"归属"位于动力模型的底层，它是开启与维持学习动力的基础，是极为重要的一环。

"归属"是什么

"归属"是个体在关系中感到安全、被关心，在心理层面上产生"联结感"。简单地说，感觉对方（可能是一个人，或一个群体）可信任、可依赖。比如在课堂上，老师发现学生走神了，就会用眼神盯学生。很快，学生会察觉到自己被关注了。此时，他就和老师、和课堂有了一种心理上的"联结感"。同时他会感受到老师的关心、信任、督促，他的注意力也会重新回到课堂中来（Tough，2016）。没有人能够孤立地活在世界上，不论是从进化的角度，还是从个体的生命历程来看，人都有着与生俱来的和他人、和周遭环境建立联结的需要。这种内在需要并非仅指向特殊的人际关系，如母婴关系、同伴关系、亲密关系等，它是一个更底层、更普遍的需求。

在教学过程中，由于主体只有老师和学生，所以学生的归属感主要来源于老师和课堂本身。老师作为知识的传授者是更有能力的，会潜移默化地成为学生无意识的学习榜样，当学生感受到与老师有某种"联结感"时，会逐渐信赖和尊重老师。同样，当学生感受到所在的课堂环境是安全的、安心的，自己是被接纳的时候，归属感会增强，这也是激发学习动力的基础因素。

补充阅读　归属感背后的脑科学

相信一定会有人疑惑，归属感对于学生而言真的会那么重要吗？

脑科学研究表明，大脑的需求是分层次的，最低层次是安全，然后是和环境、和他人进行互动，更高的层次才是学习和获得新知识。其实这不难理解，大脑的第一要务是保持呼吸、心率、睡眠等关乎生存的行为，在此基础上开始考虑和他人的情感联结，最后才是对信息的理解和加工。从大脑的进化角度来说，我们可以把大脑的需求分为三个部分，即生存需求①、情感需求②、学习需求③。只有当生存与情感需求都被满足后，人们才可能"不被打扰地"进入"认知学习"这一高级需求层级（图1）。

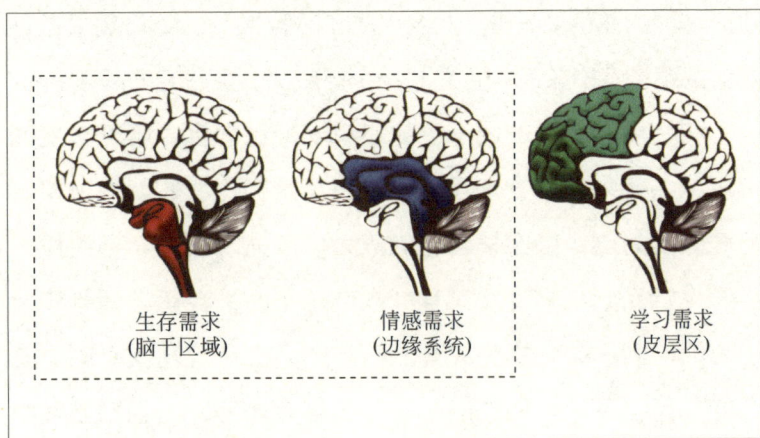

图1　大脑需求层级

试想一下，当学生在课堂上还在担心"我安全吗，我被老师喜欢吗"的时候，学生的大脑还会思考眼前的这道题该如

---

① 生存需求对应脑干区域，第一要务是让生命体活着，保证生命体征如呼吸、心率、睡眠、觉醒的正常进行，同时保证人类（祖先）可进行庇护场所的找寻、觅食、喝水、躲避伤害、逃跑、生殖等行为。
② 情感需求对应边缘系统，人从来都不是独立的个体，需要安全感，需要与他人、环境进行联结。
③ 学习需求对应皮层区，当生存需求和情感需求都被满足后，大脑才可进入对信息的高级加工过程。

何解吗?

为了更好地帮助老师们有画面感，请想象这样一个场景。

【关注情绪】

某次课后，你的学生向你请教一道题，这道题是你刚刚课上讲过并且重点强调过的。所以他在请教的时候十分紧张，非常害怕被指责或者冠以"不好好听课"的"罪名"。

你完整讲解了之后，他还是眉头紧锁，好像并没有听懂。于是你主动问他："怎么样? 理解了吗? "学生的脸瞬间涨红了，但还是没有开口回应。你决定再细细讲解一遍。但在你讲解的过程中，学生一直低着头，也不敢看你，并且用手指不停地抠着书角。

此时，最好的做法是继续讲解学习内容，还是先安抚学生的情绪呢?

（案例来源: 某公立校老师访谈记录）

通过上面的介绍，相信大多数老师都会选择先安抚学生的情绪。因为此时，学生已经处于害怕被指责的紧张和不安中了。当大脑处于这样的紧张状态时，是很难接收知识、理解知识的。

【孩子的"两面性"】

万君老师班上有一位名叫丁楠（化名）的小女孩。在第一次上课的时候，万老师准备了幽默风趣的自我介绍，所有孩子都被逗得哈哈大笑，唯有丁楠没有表情。经过几次课的了解，万老师发现丁楠很聪明，题目做得又快又准确，但就是不太参加班里的互动，老师叫她回答问题，也沉默不语。

万老师从丁楠妈妈那里了解到，丁楠在家里非常活跃，甚至有点"疯"，但就是在课上不爱说话，可能是对环境比较陌生。为了帮助丁楠融入班级中，万老师每节课都会和丁楠妈妈沟通，一起激励她主动说话。课堂上，也会点名让她回答问题。一次课上，万老师提问一道几何题，全班同学都在苦思冥想，没有人能答上来。正当老师准备带着同学们分析的时候，她突然举手了，万老师顺势叫她来回答，丁楠整体的讲解十分清晰流畅，然后万老师带领大家一起鼓掌。从那以后，丁楠打开了自己的心结，在班里开始主动举手回答问题，积极加入每一次的互动中，和老师的关系也变得越来越近。

（案例来源：学而思-万君老师）

从丁楠身上我们可以看到，当她处在一个安全的环境中，会很活跃、很疯；但当她处在一个陌生的环境中，也会很收敛、不松弛。当周围的环境变得友好、安全时，她又重新做回了那个活跃、放得开的学生。

我们发现，拥有归属感的学生更愿意在学习中尝试，不怕犯错（Hinton et al.，2008）；更乐于分享自己的经验，在遇到困难时主动求助老师、同学；更为实事求是，敢于暴露自己的不足，能够客观评价别人的优点；更有可能在群体中找到"榜样"。

缺乏归属感的学生会和老师、同学保持"距离感"；他们看起来似乎更"聚焦"于学习本身，但其实是陷入了"孤军奋战"的状态；因为害怕自己表现得不好，被老师批评，陷入尴尬，所以时常隐瞒问题，或尝试自己解决问题；会因为不适的环境、负面的关系等原因，逃避学习。

由此可见，建立学生的归属感其实是激发学生学习动力的第一步，只有打好了基础，才能确保后续的高质量学习。所以作为教育者，要时刻对学习环境中潜在的"毒性压力"保持敏感和警惕，为学生营造充满信任的、安全的、积极的学习环境，让学生可以安心地将精力完全投入到学习中。

情感联结 —— 师生关系的桥梁

在前面，我们了解到，大脑工作的首要目标不是为了学习，而是为了生存，为了在关系中更好的生存。只有满足了生存和社交需求之后，大脑才能进入学习的层面，所以我们强调"归属"，强调对学习主体生存和社交需求的关注。现实中"有归属感的课堂"主要由两部分构成：师生情感联结与学习氛围创设。

1. 学习是社交的

华盛顿大学的心理学家帕特里夏·库尔曾做过一项对比真人与非真人教学的著名研究（Kuhl，2007），研究证实了真人在场的教学对于第二语言学习的重要作用。实验选取了三组九个月大的美国婴儿，设定同一位老师为这些孩子用中文讲述同样的故事桥段，唯一不同的变量是讲述方式：真人在场的讲述、提前录制视频和提前录制音频。结果发现，经过三周的实验期，只有被真人教过的婴儿习得了中文的语音直觉，而通过视频、音频教学方式的婴儿，几乎什么也没学到。面对这个结果，库尔教授给出了掷地有声的一句总结：Learning is social（学习是社交的）！

如果说学习是一种社交行为，那么老师和学生的关系就至关重要。老师怎样才能和学生建立情感联结呢？我们认为可以从两方面着手：一是真正让学生感受到你的关注与关心；二是努力成为学生的榜样，这在心理学和社会学上有一个专门的词来描述，要成为学生的"重要他人①"。

2. 如何让学生感受到你的关注和关心

【关心的力量】

在暑期班上，刘江老师发现有个学生在课上经常发呆、开小差，同学们在做题，他在本上涂涂画画。

刘老师找这个学生谈过，但是效果并不明显。突然有一天课堂上，刘老师发现他趴在座位上无精打采，并且看起来不太舒服的样子，于是走近他解了一下情况。刘老师用手摸了一下他的额头，发现也没有发烧，但他的脸色看起来很不好。刘老师跟他说联系他的父母过来接他去看医生。学生强作镇定地说："老师，我没事。"让刘老师没有想到的是，下课之后，他走到刘老师的身旁说："老师，谢谢你，我现在已经好多了，我可能是有点感冒了。"从这件事之后，刘老师发现他慢慢地有所改变了，上课不再趴在桌子上了，也不再东张西望，也不再做与课堂上无关的事情了，反而是更认真地听课，上课也比以前积极了，会的举手回答，不懂的也会在课后

① 重要他人（significant others）是心理学和社会学都关注的概念，指学生在社会化以及心理人格形成的过程中具有重要影响的具体人物。

向刘老师寻求解答。

（案例来源：学而思-刘江老师）

> 一位上课经常开小差的学生，在经历了老师"特别地"关心之后，感受到了老师对自己的重视，慢慢地减少了很多与课堂无关的事情，听课的状态也越来越好。可见，老师的关心对于孩子来讲非常重要，老师无意中很小的举动也足以带来很大的改变。那么有哪些行为，可以让学生感受到来自老师的关心呢？

老师和学生在上课之前是陌生的，而关注与关心，则是打开彼此心门的第一步。

首先，老师在课前一定要熟悉班上学生的姓名，避免错误读写。可以尝试称呼学生的小名，不论在课堂上、在给予学习任务之前，还是给学生留言时，都先有名字上的称呼。这些看上去很简单的小举动，会让学生感觉老师在认真地记住他们，从而留下一个很好的最初印象。

其次，老师要经常和学生交流，在交流中表现出关心。在课前可以花30秒与学生进行简单的闲聊，比如"你最近在听什么音乐？""你的衣服很好看，在哪里买的？"这一类的交流会快速拉近彼此的距离，使学生以愉悦的心情进入课堂。

同时，老师可以主动了解学生的兴趣爱好，建立共鸣。美国哈佛大学研究者的一项测试发现：老师了解学生的兴趣，找出与学生的共同点，不仅有利于改善师生关系，还能使学生之间的成绩差距缩小60％。如果有不愿意面对面交谈的学生，卡片、便条和信件也是建立联系的有效方式。当学生感到被关注和关心的时候，学习过程中的信息传递才能更流畅通顺。

【明信片的故事】

杜炳霏老师班里有一位曾经厌学的孩子小雨（化名），小雨的妈妈为此非常焦虑。

了解情况后的杜老师决心尽全力"拯救"这个孩子，并特意加了学生的微信。一开始，孩子不怎么看微信也不回复，杜老师就通过妈妈给他单独打了电话聊了差不多半个小时。聊天中，杜老师没有提到孩子不好的地方，也假装不知道孩子有厌学的心理，就只是像平时聊天一样问了一下最近的情况。恰逢那几天是小雨要考试的时间，所以杜老师跟他询问了情况，听得出小雨非常开心能有人这么关心他。小雨非常懂事，能够理解老师的用心。杜老师在聊天之后给小雨寄了亲手写的明信片。妈妈后来告诉杜老师孩子收到明信片后非常开心、非常激动，也很受鼓励。杜老师没有想到，自己一个简单的举动竟能给一个孩子带来那么大的影响。在直播课上，杜老师会循环点孩子的名字，给予表扬、鼓励或者是提出要求，让学生觉得自己是被重视的。在平时和孩子沟通的过程中，杜老师都会用语音或留言的方式发送给家长，孩子会觉得老师特别关注自己，学生也会通过自己的努力让老师看到。后来孩子考试考得不错，妈妈很开心，特别激动地给杜老师打电话说孩子进步的好消息。

（案例来源：学而思-杜炳霏老师）

> 有时候一句简单的关心，一张鼓励的明信片都是很好的沟通方式，可以迅速拉近师生之间的距离，让学生感受到自己在老师眼里的重要性，这些都对成绩的改变奠定了良好的根基。小小的举动可以在学生心里埋下希望的种子，影响和激发学生的学习动力。

3. 如何成为学生的"重要他人"

想成为学生的"重要他人"，老师首先要意识到自己的重要性，不论在学习还是生活上，老师都要成为学生的榜样，要值得被学生尊敬。有三种方式可以让老师真正成为学生的"重要他人"。

第一，分享。老师可以主动分享一些自己的小事情，比如近期发生在自己身上的趣事、成长过程中对自己有影响的事

件或是自己在学生时代的小秘密。在分享的时候，类似的经历
会勾起学生的兴趣，激发他们想要表达自己的欲望。在彼此的
分享中，情感也在一点一滴地建立，交朋友大多都是从分享小
秘密开始的。

【老师也有过一样的迷茫】

曲云舒（化名）是陈磊老师从初一带到初三的学生，她是一位特别努力认真、不懂就问的学生，也是让陈老师觉得非常有成就感的一位学生。其实真正有学习天赋的学生是极少数，大多数学生都是需要付出很大努力才有可能得到回报。

曲云舒曾经有一段时间碰到了学习的瓶颈，也经常和陈老师表达她对学习的迷茫。陈老师知道迷茫有多难受，所以写了一篇自己的求学经历发给了学生和家长，很多学生和家长看完以后给陈老师发了很长很长的信息说自己看后非常受触动。老师的相似经历也给学生带去了力量，每当迷茫的时候就会想到陈老师，这坚定了他们学习的方向，增强了他们学习的动力。陈老师也觉得学生和自己好像更近了，更信任自己了，曲云舒也不例外。最后她中考表现得很不错，考入市实验重点班。

（案例来源：学而思-陈磊老师）

> 陈老师通过分享自己相似的经历，让学生产生了共鸣，和学生建立了情感联结，学生从而更加亲近、信任老师；同时，学生也从老师的经历中汲取了经验和力量，更加坚定了自己学习的方向。

第二，倾听。倾听是一种很好的共情①方式。老师要学会倾听学生所面临的问题、不佳的情绪以及学习之外的小状况。在倾听中适当重复学生的话，让学生感知老师在认真倾听自己。老师要站在学生的角度替他分析问题、找出解决问题的办法。同理心可以提升交流效果，缓解学生的情绪，让学生产生"被重视"的感觉。

【倾听孩子的压力】

在张瑜老师所带的学生中，有这样一位女生，从初一暑假就一直跟着张老师的班，而且从来没落下过一节课，上课也从来不迟到。但在一次数学"因式分解"的复习课上，这位一直认真听课的女生竟然睡着了。坐在后面旁听的家长也发现了孩子的行为，下课后家长把孩子领了出去，孩子回来的时候气鼓鼓的，可想而知，家长把孩子批了一顿……

----

① 共情又称"移情"，指的是一种能设身处地体验他人处境，从而达到感受和理解他人情感的能力。

　　课程结束后，家长拉住张老师，要与张老师商量教导孩子的事，张老师认真地倾听了家长的诉说："初一上学期，女儿听话乖巧、学习认真成绩好；但到了下学期，由于难度加大，学科内容增多，孩子难以适应。我们家长也不知所措，认为孩子不努力。在家经常与孩子一言不合就吵架，孩子正处在青春期，也毫不示弱……"听家长倾诉完，张老师没有多说什么，并支开了家长，让孩子单独进来说说自己最近的感受。孩子委屈地说道："我今天上午舞蹈课、下午英语课、晚上数学课，仅有的休息时间就是在车上赶行程，我太累了！现在任务重，每次上课妈妈都要在后面旁听，自己很有压力，虽然我与妈妈聊过这个问题，但我根本不被理解。"孩子越说越激动，最后哭诉着说完了心里话。站在门口的家长，全程听完孩子平时在家不敢对自己说的话后，也是满眼泪水，走过来道歉，与孩子和解，表示以后尽量少地干涉她的学习。至此，张老师课堂上少了这位听课的家长，而每周的微信上多了与家长的沟通记录。结果孩子与家长的关系愈发融洽，面对学习上的更多挑战，孩子也有了更积极的心态去面对。

　　　　　　　　　　　（案例来源：学而思-张瑜老师）

　　这位家长从未倾听过孩子的心声，不能与孩子共情，

所以一味地按照自己认为好的方式对待孩子。当她能够去倾听孩子的想法时，才能共情孩子，感受到孩子心理承受的压力，改变自然就发生了。张老师帮助学生将她的心声传达给了学生妈妈，缓解了学生的情绪，解决了她的问题。

【两个男子汉的约定】

杰拉德老师的班上有一位叫凯凯（化名）的学生。凯凯在课堂上经常无法自控、乱喊乱叫，让班里的孩子感到很苦恼甚至是讨厌。杰老师很喜欢学生，但性格比较急躁，一开始还可以温柔提醒，但后来心里也变得烦躁起来，觉得这个学生影响授课进度和状态。

有一天晚上，杰老师就和凯凯妈妈进行了坦诚的沟通。在电话中，杰老师知道了凯凯其实是个很善良的孩子，而且很喜欢语文和听小故事，但是因为会做些过头的事而不被老师和同学喜欢甚至被排挤。沟通之后，杰老师为自己不了解情况就对学生急躁而感到羞愧，并决心通过努力去帮助他。

下一次上课之前，杰拉德和凯凯说："凯凯，我们都是男子汉，我们来做个小游戏吧。我知道你很喜欢关注其他小朋友在做什么事，但是突然站在别人身边，别人会被吓到。我们拉钩，你如果有点控制不住了，就举手，老师看到后就给你做一个右手食指往上指的手势，每看到这个手势你就在自己书上打一个五角星，课后拿着五角星找老师，老师就会给你讲个小故事。"刚开始，凯凯还是控制不住自己，但杰老师没有再像原来那样回以训斥，而是报以笑容和特殊的手势。看到杰老师的手势，凯凯也不再像原来那样持续吵闹而是很快安静了下来。然后一下课就抱着书找到杰老师，嘴里一直喊着："五角星，五角星，五角星！"慢慢地，过了几个月，凯凯上课基本不再随意走动了，现在最喜欢做的一件事就是把从杰老师那听到的故事给别人讲，整个人自信了很多。

（案例来源：学而思-杰拉德老师）

在教学中，总会遇到凯凯这样的学生，当我们把学生放到对立面，对学生产生情绪上的不满，那么学生感受到的是，老师并不是帮助自己的那个人。而去倾听学生好的一面，共情学生，则会让学生对老师多一份信任。这份信任就让老师成了学生的"重要他人"，老师就对学生有了影响力。

第三，向学生求助。心理学研究表明，如果你想增加某人喜欢你的可能性，就让他们帮你一个忙[1]。老师可以在学

---

[1] 这在心理学上是著名的"富兰克林效应"。

生面前"示弱"，遇到学生可以解决的小问题时寻求他们的帮助，这样学生会有被需要的感受；在学生提供帮助之后，老师要给予鼓励，这样学生会有小小的成就感，认可自己对老师的重要性。

【让学生帮忙】

南衡（化名）有一对"聚光"的小眼睛，笑起来就眯成了一条小缝。这个小男孩，每次课前都会提前去讲义室帮忙拿讲义、笔袋、随材；课间会悄悄地拿走伍玲林老师红色的茶壶，续上热水后再放回讲桌上；虽然伍老师不需要这样一位小助手，但她并没有阻止小男孩。后来，这个小男孩上了学而思初中班级，伍老师就不再带他了。有一次，伍老师在科贸上课的时候，遇到了这个小男孩。小男孩主动找到伍老师，腼腆地说："那个……那个……老师，好久不见，如果可以，合个影怎么样？还有你的专属积分卡，就是有你头像的，送给我一张留作纪念吧！"伍老师感觉时间仿佛回到了5年前，心里很高兴。像他这样的学生一直支持着老师，温暖着老师。

（案例来源：学而思–伍玲林老师）

无论是老师向学生求助，还是学生主动帮助老师，只要学生帮助了老师，那么学生心里就会体验到成就感和被需要，学生就会将老师看作是一个可亲近的"重要他人"。学生帮助了老师，最后受益最大的反而是学生。

情感联结实用小贴士

1. 多称呼学生的名字，如果知道小名可以尝试称呼小名。
2. 课前抽出简短的时间与学生闲聊。
3. 了解学生的兴趣爱好，找到共同话题。
4. 多尝试不同的交流方法，例如小卡片、信件等。
5. 多跟学生分享与交换彼此的小故事或小秘密。
6. 倾听学生的困扰，站在学生的角度帮助他解决问题。
7. 向学生求助，遇到小问题让他来帮助你。

氛围创设 —— 打造包容而轻松的课堂

课堂是学校教育的主阵地，学生是课堂的主体。创设包容、轻松、愉悦、有活力的学习氛围，是激起学生学习欲望、焕发课堂活力的重要手段，不仅能调动学生的课堂参与度、提高学习效率，还会带给学生自由畅达的空间和积极愉悦的心理体验（Tough，2016）。接下来介绍"有归属感的课堂"的第二个构成部分：学习氛围创设。

1. "零容忍"课堂

与轻松包容的学习氛围相对的是"零容忍"课堂。"零容忍"，即课堂中存在严格的惩罚戒律，对于任何违反戒律的学生都是"零容忍"对待。"零容忍"制度最初应用于课堂管理时，短期取得了一定成效。美国曾针对"零容忍"的课堂制度进行过一项追踪研究，有1.7万名学生参与。结果显示，在"零容忍"的课堂中遭受过严厉惩罚的学生，学业成绩明显下降。更令人惊讶的是，"零容忍"课堂中那些并未遭受惩罚的学生，由于感受到了课堂压力，学业表现同样受到了影响。

【从"零容忍"到包容】

常天老师第一次带班的时候，会十分耐心地逐一指出和纠正学生所出现的各类错误。一堂课上，几乎每个学生都被常老师纠正过错误。有时候按捺不住，常老师也免不了批评上几句。一段时间过后，常老师开始发现课堂气氛有点不对劲，变得越来越沉闷。

看着课堂上死一般的沉寂，常老师开始寻找问题之所在，课后找了一些学生交流后才知道原因：是自己过分细致地纠错，挫伤了同学们学习数学的自信心和积极性。试想，如果自己在学习时，老师不停地打断、纠正，怎么会不感到受挫和沮丧呢？怎么还会愉快积极地学习呢？反之，如果老师鼓励自己，那自己一定会感到放松、愉悦，学习的效果就好多了。发现自己的这个教学失误之后，常老师立刻开始补救。常老师常常耐心地、微笑着听完学生回答，而且及时制止其他同学的嘲笑，努力保护学生的自尊心和学习数学的积极性。同时告诉学生："失败是成功之母，犯错误是不可避免的事情，没有必要觉得丢人或不好意思。有错能改，没有什么大不了的。"

现在，常老师不再吝啬对学生的表扬和激励，因为常老师越来越体会到：希望得到别人的肯定是每个人的天性。常老师从学生课堂积极发言和热烈讨论的活跃气氛中，体会到了包容带给学生的改变。

（案例来源：学而思-常天老师）

补充阅读 课堂氛围的脑机制

从脑科学的视角看，课堂的氛围与我们大脑中的杏仁核和信息加工密切相关。当学生处于消极的情绪状态时，杏仁核会将输入的信息传递到较为负责抵抗和消极对待的反应脑区。如果学生处于这种消极的情绪状态时，那么他们会拒绝老师发起的互动，甚至拒绝听老师讲课，表现出来的就是课堂气氛十分的沉闷。而当学生感受到正向、安全的课堂氛围时，杏仁核内的代谢激活较少，负责高阶思维的脑区就会比较活跃，为积极的情绪更多高阶思维的产生创造了可能（Hinton et al., 2008）。只有在积极的情绪状态下，学生才能很好地思考老师提出的每一个问题，才能积极参与到课堂的讨论与互动中来。

回归我们的课堂，老师应该如何为学生创设好的学习氛围呢？

我们认为，老师可以从两方面入手：一是营造安全、舒适的课堂氛围；二是给予学生积极、正向的反馈。

2. 如何营造安全、舒适的课堂氛围

第一，安全——营造允许犯错、试错的课堂氛围。老师要先改变自己对"错误"的认知，把错误看作一种"进步可能性"，是创造持久学习的更有效方式。在不允许犯错的课堂上，学生会变得格外小心谨慎，生怕回答错问题遭到老师的批评，并在同伴面前丢脸。这时学生的大脑会处于高度紧张的状态，会给学生的心理产生极大的压迫感。有研究表明，成年人的大脑在经历一段时间的压力后，大约10天内就会恢复；然而，在青春期的学生中，压力的消极影响大多会持续3周，这种影响不仅是长期的，而且可能是不可逆转的。所以说，在课堂中老师要允许学生"试错"，在一次次犯错的过程中发现自

己的问题并找到解决的方法。

【"允许犯错"三步走】

首先，老师可以把"允许犯错"作为课堂规则，并在今后的课程中贯彻执行这一规则。比如，明确规定课堂中当学生答错时，其他同学不可以嘲笑或起哄。

其次，老师要给学生留出自己发现错误并改正的时间。在学生出错时，不要马上反问"你这答案对吗？"而是稍作等待，让学生有自己觉察问题的机会。

最后，当学生给出错误答案时，老师需要注意自己的表情和语气。当自己感到着急或者生气时，一定要注意表情管理，并且尽量避免表露出对学生的否定。不然，学生还是会认为"老师不允许我犯错"，甚至产生畏惧心理。

（案例来源：某公立校老师访谈记录）

【第一节课的承诺】

张雨绮老师在带班之前，和学生偲偲（化名）家长沟通，了解到偲偲在课堂上一直不发言，也不回答问题。于是张老师在上第一节课的时候就告诉偲偲，不管对或者错都要说，老师都会回应你。张老师为学生铺设了一个回答问题的安全环境。第一节课偲偲并没有怎么回答问题，下课时张老师跟偲偲说，下次见面的时候可以向老师提三个问题，不管是生活上的还是和学习相关的都可以。之后，学生逐渐地感受到即便问题很幼稚、回答问题有错误，老师都不会笑话自己。所以，偲偲渐渐养成了课堂上回答问题，以及带问题来上课的习惯。

（案例来源：学而思–张雨绮老师）

与张老师遇到的情况类似，周浩峰老师的学生一直以来都认为"一对一课的老师特别严肃"，所以，周老师上第一节课的时候，学生都不太敢发言或者回答问题，周老师便明确告诉学生："不管你的想法是对的还是错的，老师都会鼓励你。"当学生选择比较烦琐的方法回答问题时，周老师也会顺着学生的思路鼓励他继续讲，讲完之后再提供更加便捷的解题方法，让学生自己对比和选择。之后，学生在课堂中提问和回答的频率越来越高。

（案例来源：学而思–周浩峰老师）

上面的例子中，两位老师在第一次课堂中就告诉了学生，无论说的对或错，老师都会回应，犯错是被允许的。在接下来的课堂中，两位老师也通过不同的方式践行了自己的承诺。所以学生开始放下自己的担忧，问问题越来越多，回答问题也越来越多。

第二，舒适——营造轻松、愉快的课堂氛围。课堂氛围是影响学生学习的主要外部因素之一（Smith，1998）。轻松愉快的课堂氛围有利于构建良好的师生关系，有利于师生交流与沟通。在平等合作的课堂氛围中，师生关系融洽，互动自如，老师教得轻松，学生学得愉快。一系列研究证明，笑会增加免疫细胞的数量和免疫细胞的增殖，增加呼吸功能和内啡肽[①]，笑可以释放大脑皮层的压力；而不好的情绪则会使记忆冻结。用幽默的语言来教低年级学生灵活思考的效果是十分显著的。情绪的影响是相互的，所以老师在课堂中一定要注意情绪调试和表情管理，消除负面情绪，以积极饱满的状态面对学生。如果学生表现出负面情绪，老师应让学生意识到并且学会接纳自己的情绪，并将注意力切换至课堂，不宜中断授课去处理情绪问题。可以在课程结束后，给予学生关心并及时与家长沟通。

【无形中的氛围创设】

在朱玲老师的班上，有一位名叫菁菁（化名）的小女孩。由于个头小，朱老师把她安排在了第一排位置。课堂上，菁菁一开始不敢发言，有时站起来了，回答问题的声音也非常小。

[①] 内啡肽是一种可以帮助身体处理疼痛、压力和情绪等事情的神经传递素，让人产生愉悦感。

但是朱老师发现，下课后，她的声音就恢复了正常。随着与她妈妈的交流变多，朱老师得知菁菁是合唱团的，还能唱高音。但一到课堂上发言，就像失声了一样，变成了小"蚊子"。针对这个问题，朱老师对菁菁专门制订了一系列方案。首先，课前菁菁一来，朱老师就非常开心地跟她打招呼、抱抱她。然后也不再提声音大小的事，说只要举手发言，不论声音大小，都给表扬；并且朱老师会特意在课堂上创造一些小组发言的机会，比一比哪个小组声音最响亮，让菁菁和其他学生一起发声；另外，朱老师课间经常和菁菁交流，拉着她拍照玩；课后也总是给她好的反馈。就这样，朱老师通过在无形中为菁菁创设让她觉得舒适、轻松的氛围，成功使菁菁变成了全班最爱发言的孩子，发言的声音也异常响亮！

（案例来源：学而思–朱玲老师）

> 朱老师针对学生的特点，不强制学生改变，而是通过学生在上课期间的小事，与学生建立情感联结，无形中营造了让学生敢开口的环境氛围，渐渐地使学生成功得到转变。

3. 如何给予学生积极地正向反馈

第一，时常鼓励学生。积极反馈是"大脑的说服者"。在课堂上，老师给予学生的鼓励是正向反馈中关键的一环。

老师在与学生进行互动时，要尽量做到"事事有回应"。当学生问题回答错误或遇到无法解决的难题时，学生会感到不安，这时老师首先要鼓励他，让学生有勇气和信心进行尝试，然后要加以引导，让学生发现自己的问题所在，这样不仅保留了学生在同伴面前的自尊心，也间接地增强了他的自信。研究表明，正向强化（如表扬、鼓励等）能够令大脑分泌一种多巴胺①，从而激活大脑获得奖赏的回路和进行思考的神经通路，使思考和学习的效率得到提升。而过度的压力和焦虑，会使大脑增加分泌一种特殊的化学物质，这种物质会削弱创造性解决问题、长期规划和谨慎判断的能力，而且刺耳的话和过度的压力会导致心律失常和海马体②的退化。由此可见，老师不应严厉地批评学生，应时常给予学生鼓励，可以在学生回答问题后给予一个欣赏的小动作，比如一个竖起的大拇指、一个轻轻的点头、一个灿烂的微笑等，都会让学生感受到来自老师的正向反馈。

【创造鼓励的机会】

邵西檬老师的启航班上有一位学生叫灵灵（化名），家长很早前就告诉邵老师说孩子很内向、不爱说话，请老师多鼓

---

①　多巴胺是一种神经传导物质，这种脑内分泌物和人的情欲、感觉有关，它负责传递兴奋及开心的信息。
②　海马体具有储存短期记忆、长期记忆以及空间定位的作用，是人体的记忆系统。

励。上完一节课之后，邵老师发现孩子真是一句话都不说，但坐姿很端正，一直看着黑板，听讲很仔细，没有走神。

为了能让灵灵开口说话，邵老师特意点她名字回答很简单的问题，当孩子能说出答案的时候，邵老师立马鼓励并表扬她，但是当孩子不情愿地站起来不说话时，邵老师就替她说出答案，同时不忘说："这个题目有些难度，答不上来是很正常的。"以此给灵灵保住面子。除了回答问题给予灵灵鼓励，邵老师还通过检查灵灵的作业和笔记为其创造受到鼓励的机会。每次检查灵灵的笔记和作业，发现她做得特别好、字迹非常工整时，邵老师都会奖励她10张卡。不仅如此，邵老师在上课前还会把灵灵的笔记和作业特意单独拿出来让全班同学看看，大家都惊呼字写得漂亮。邵老师这时还会趁机说："灵灵的笔记和作业不仅字很工整，而且错题会用红色笔改正在旁边区域，这种改错题的方式也非常值得大家学习。"每每这个时候，邵老师都会看到灵灵嘴角上扬、眼睛也笑弯弯。

（案例来源：学而思–邵西檬老师）

案例中的老师为了鼓励学生，找了多条途径：回答问题给予鼓励；笔记、作业完成得好给予鼓励；重要的是，老师还给予了学生来自同伴的鼓励与认可。这些都无疑给了学生强大的信心。

【持续的正向反馈】

吴晓洁（化名）是李老师班上的一个学生，成绩很好，但就是对写作文特别头疼。李老师给学生们布置了每周一记的任务，晓洁的每周一记一看就是抄来的，但是从她抄的文章来看，她对文章的审美很好。于是，李老师经常在每周一记的评语中鼓励晓洁自己动手写，比如李老师写道："看得出你的审美很好，尝试自己写一下更好。"晓洁虽然很开心，但还是继续摘抄，而不是动手写。有一次，李老师布置了一篇半开放的作文，让同学们想象一下，如果卖火柴的小女孩手里的火柴最终没有熄灭，她还会看到什么。晓洁展开自己的想象，写了一篇生动的作文。李老师当着全班的面夸奖了晓洁，还当堂读了她的作文。这次以后，晓洁受到了极大的鼓舞，周记开始自己写，作文也写得越来越好。

（案例来源：某公立校老师访谈记录）

> 虽然晓洁是在老师当面夸奖了以后才有所转变，但前期老师对晓洁的正向反馈和鼓励，给晓洁指明了今后努力的方向，这才是让晓洁转变发生的深层原因。

第二，多多表扬学生。"好孩子是夸出来的。当你的学生有点滴进步时，一定要不吝夸奖。"人都渴望被肯定、被关注、被赏识。赞扬欣赏具有巨大的激励作用。清代教育家颜元说过"数子十过，不如奖子一长。"意思是说指责学生的种种过失，不如好好地褒奖他某一方面的长处。当学生得到激励，这种长处得以发扬光大，那么其他的种种过失，也就很容易得到纠正或会自然消失。同学的掌声、老师的表扬，都是学生不断进步、收获成功的力量源泉。

老师要注意的是，表扬不能是生硬式的，也不宜滥用，应该真诚而适时地给予。学生在成长过程中的内心多是敏感的，老师敷衍的表情或一些随意的动作都会对学生的心理产生负面的影响，而真诚的反馈则会让学生真正感受到老师发自内心的欣赏。老师的赞赏会激发学生的学习动力，有助于充满归属感课堂的建立。

这里有一个表扬公式（图2-1）可供参考。

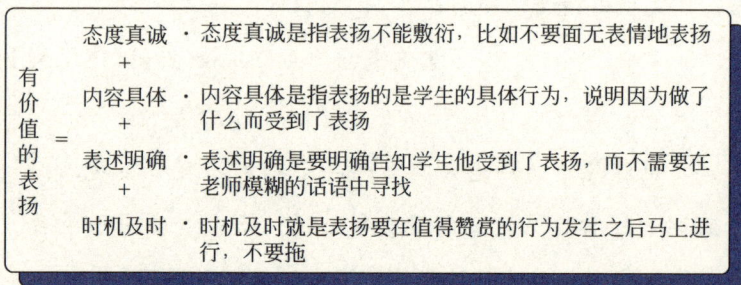

图2-1　表扬公式图示

能对学生做出有价值的表扬，是老师的一项珍贵的能力。依据上述表扬公式，老师可依照如下四个步骤进行表扬：第一步，表达老师能观察到学生的行为；第二步，表达老师通过这个表现感受到了学生做出的努力；第三步，表达老师认为这份努力和成绩很难得；第四步，由衷地感到学生很优秀，值得一个真心的表扬。

【表扬公式的实际运用】

例如，一个学生在考试中取得了95分的成绩，比以往的成绩高很多。老师的表扬不要是一句无关痛痒的"很棒、很好"。可以是："哎呀，真不错，考了95分，比你上次强多了。其实你这学期听课比之前认真很多，作业的完成情况也比之前好很多。老师可以看到你在这个过程中付出了努力。这个努力真的很难得，而且我希望你也能珍惜你努力得来的结果，再接再厉，让自己变得越来越优秀！"这样既表达了老师的欣喜和肯定，也表达了学生取得的进步是努力的成果，这种鼓励会引导学生再接再厉。

（案例来源：某公立校老师访谈记录）

氛围创设实用小贴士

1. 口头/书面表扬学生付出的努力/进步/成绩（书面可在课后或阶段性使用反馈卡片写下一句话评语）。

2. 向家长口头/书面（如反馈卡片）反馈学生值得称赞的地方。

3. 注意情绪调试和表情管理，以积极的状态迎接学生。

4. 老师可邀请学生共同商议并制订几条课堂规则，具体到行为，便于执行和理解。

5. 鼓励学生试错，在学生回答问题错误时帮助他舒缓压力和不良情绪。

胜任感：我相信，我能行

如果一个学生想爬上桌子，但是却很难，这时老师最好的方法不是把他抱上桌子，而是悄悄给他递过去一把椅子。他第一步跨到椅子上，突然发现自己再跨一步就可以爬到桌子上，当他爬上去了，会充满欣喜地说："看，我自己爬到桌子上了！"（图2-2）。

图2-2　"授之以鱼"与"授之以渔"

动机是激发和维持个体行动，并将行动导向某一目标的心理倾向。动机指向了人们会如何决定、是否坚持以及对于一件事情的投入程度。在好未来脑科学实验室提出的动力模型中，"胜任"则是学习动力中非常强大的中坚力量。

"胜任"是什么

"胜任"也可以称为"成就感和信心"，是指学生能够做好且做成一件事。"胜任"同样是一种内在的心理需求，在某种程度上可以理解为，人天生具备"把事情做成、做好"的内在需求，想要成为"能者"。人成长过程的胜任感，一方面来自真实的成功经验，另一方面来自对自我能力的信念，心理学中有时把后者称为"自我效能感"。

在实际的学习过程中，当学生掌握了知识要点，学会了某种解题方法，将其应用到实际的问题解决和考试中，并获得了成功的结果，学生就会产生胜任感，认为自己可以把学习这件事情做好，在一定程度上认可自己。这种真实的成功经验会不断积累最终转化为内在的对自我能力的信念感，使学生更加坚定地相信自己的能力。

补充阅读　胜任感背后的脑科学

"胜任"对于学生来说到底具有怎样的魔力呢？

对于广大青少年学生来说，如果他们长期接受来自外界或自己的负面反馈，即"我不能"，感受不到学习带来的胜任感，那么他们的学习动机也一定不高。相反，当学生通过学习收获了正向刺激，即"我也是可以的"，这一确认过程会不断强化学业成功与正向反馈之间的关系。当老师让学生处于一个有胜任感的环境中时，慢慢地，学生会发现学习是一件可以让自己很有成就感的事情。

脑科学的研究发现，在对比青少年和成年人对奖赏反应的研究中，8—9岁年龄段孩子的背外侧前额叶皮层[①]只对正面信息有反应，而18—25岁成年人的背外侧前额叶皮层则只对负面信息有反应。也就是说比起批评，夸奖8—9岁的孩子更能引起他们的神经兴奋；而对18—25岁的成年人来说，批评带来的神经反应更激烈（Cameron and Pierce，1994）。成年人会对一句批评的话耿耿于怀，而青少年则对一句夸奖的话久久不忘。

胜任感的表现

拥有胜任感的学生会在意学习过程，他们努力的原因是获取新知识；会选择有挑战性的学习任务，把错误看作学习的一部分；会追求自身的进步。

缺乏胜任感的学生更加关注学习结果，他们努力的原因是获得高分，优于他人；更乐于选择容易或者非常难（防御性策略）的学习任务，挫折和错误会让他们产生焦虑；更追求在他人眼里高水平的表现。

对于学生而言，胜任感的一个重要来源是真实的成功经验。这就要求老师在教学过程中了解每一位学生，根据个体情况，调整他们的学习目标与任务，使之具备一定的挑战性，需要努力才能实现，从而培养学生的胜任感。作为动力模型中

---

① 背外侧前额叶皮层是大脑区域之一，负责抑制行为和工作记忆。

承上启下的中坚力量，胜任感的建立可以说是必不可少的一环，需要引起老师的持续关注。

学业成就 —— 让学生体验成功的快乐

在前面，我们谈到，在好未来脑科学实验室提出的学习动力模型中，"胜任"发挥着支撑起整个动力模型的巨大作用，是连接"归属"与"意义"的中坚力量。学习过程中的胜任感有两个主要来源：学生的学业成就和自我能力信念。这里我们先来介绍如何通过让学生获得学业成就，打造有胜任感的课堂。

1. 真实的成功经验与自我效能感[①]

心理学家班杜拉通过实验得出（Bandura，1977），学生学习过程中的直接经验对其自我效能感的建立有十分重大的影响。真实的成功经验能够提高学生的自我效能感；相反，失败的学习教训则会降低学生的自我效能感。因此，成功的学习经验能帮助学生认识到目标达成的可能性，从而增强学业信心、强化学习行为、激发持久稳定的学习动力。

2. 如何建立学生真实的成功经验

回归我们的课堂，老师应该如何为学生建立真实的成功

---

① 自我效能感是学生对自己能否利用所拥有的知识技能，去完成某项工作行为的自信程度。

经验？我们认为，老师可以从以下四个方面入手。

第一，注重"结构化"信息输入。

学生想要获得真实的成功经验，第一步就要从获取知识入手，知识积累与框架建立是学生解决困难的基石，而老师的教学方式直接关系到学生的知识获取效果。

人类大脑有个特点，即更容易记忆有相关联系的知识，而不是孤立分割的零散内容。林崇德教授认为："学科能力是一种结构。"袁振国教授也指出："知识的问题关键不是多少的问题，而是结构的问题。"因此，老师要不断将教学内容结构化，将结构化的知识纳入到学生的认知结构中。老师应该站在"结构"的立场上设计教学过程，有系统、有条理地安排学习材料及程序，让学生按照设计好的结构进行学习。

实验表明，人的大脑更倾向于寻找模式及完整信息，这种倾向也被称作"格式塔"。同时，一些关于视觉"智能"的研究也表明，图像刺激记忆与传统的声音刺激记忆相比，效率提高了3—10倍，大脑首先通过图像进行思维，通过视觉图像对信息进行"加工"和"再加工"。所以老师在课堂中的板书十分重要，板书也是传递"结构化"信息的一个重要途径，老师根据课程脉络或学习单元设计板书的呈现形式，保证信息呈现的完整性和层次感，帮助学生建构知识网络。

"结构化"信息输入主要依赖老师的"结构化"教学，老师要从更高的视角看待知识的地位和作用，能让学生明白知识的来龙去脉，深刻探究和了解知识的本质。让信息输入更具有规划性、针对性、整体性。

【 完整的服务 】

蒋天启老师除了日常周末上好每一节课之外，积极开拓课下教学跟进方式，探索出"一条龙"服务。

第一，课上提供填空版笔记，课下提供完整版笔记。考虑到课堂节奏的紧凑和学习的有效性，蒋老师会为每一位学生准备填空版笔记，并在课上讲解过程中突出重点，引起学生的重视，从而提高记笔记效率，改善学生的听课质量。课下的完整版笔记能为学生提供参考，再次加深巩固学习内容。

第二，制作知识小册子。在课下，蒋老师将学生学过的重点知识串联起来，整理成知识小册子，比如把暑期课和秋季课的全等三角形内容进行关联，统一整理成《全等大宝典》小册子，填补了学习时期不连续的学生的知识漏洞，不仅让学生的知识更加系统化，也架起了学而思短期班和长期班的知识连接的桥梁。

第三，制作对应专题的练习题。蒋老师结合课本和加油站的练习题，在保证学生完成质量的前提下，为学有余力的学生提供专题训练，比如全等50题、分式运算大练兵、因式分解大练兵等。给学生更有针对性的辅导，真正做到查漏补缺。

（案例来源：学而思–蒋天启老师）

> 蒋老师的服务中，突出的一点是"完整和结构性"。从课堂笔记到专题小册子和专题练习题，蒋老师尽量将一个板块的内容，以前学的、现在学的，完整、连续地串联起来。在众多的知识中，把重要的知识以及相关的练习抽取并串联起来，建立一个完整的结构，帮助学生建立起关于这个板块内容完整、结构性的认知。

第二，有效提问。

在信息输入后，有效提问是老师为学生通向真实成功搭建的阶梯。有效提问会激发学生的思考，促进大脑对信息的深度加工，使学生进入深度学习，对学业成就的建立具有推动作用（Smith, 1998）。

研究表明，调动大脑最快的方式就是问问题，在课堂中嵌入问题会触发大脑开启寻找模式，让学生的注意力迅速集中到课堂上。因此，老师在备课时可根据当堂课的知识点和教学目标，提前设计有效提问。如"为什么""你是如何思考的"类似推动思考的问题。需要注意的是，在教学过程中先使用简单问题开启学生思考，然后再追问较难水平的问题；将一个大问题拆解成几个链条问题进行提问，避免自问自答或使用引导性强的问题，让学生学会循序渐进地思考。

【提问可以让学生说】

作为一个线上大班的数学老师，谢衍老师也曾顾虑过，那么多的探索、讨论环节无法进行之后，学生怎么能在课上主动参与、积极思考，成为课堂的主人公。在很多很多次的尝试之后，她得到了一些很有效的小技巧和经验。特别是针对基础不太好的学生，这样的课程设计，对学生而言是一个杠杆，通过课外学习，也能让学生在校内有学好数学的信心和意愿。

第一，核心知识让学生来"说"。每一节新课都离不开知识点的引入和介绍，传统的课堂更多的都是在"教授"，但是如果在探索部分，学生能自己来开口说，他会觉得知识是他自己发现的，那么对整节课的内容，他也会更有信心、更愿意去学。例如，在认识三角形时，如果不急于告诉学生"三条线段、首尾顺次相连"，而是问问他："既然你在生活中都见过那么多三角形了，你觉得三角形是由几条线段组成的呢？"当他答出"三条"的时候，我们在实现教学目标的同时，还能好好夸夸学生。

这个方法在遇到难题上仍然适用。例如，在讲解火车过桥的问题时，在画完线段图之后，很多线上老师可能会因为公式很长，放弃了提问这一步。但如果我们尝试发问："仔细观察，这段路程被分成了几个部分？"当学生答出"两个"的时候，也就意味着学生发现了"路程=桥长+车长"这个核心结论了。在发现之后，给学生足够的肯定，他一定会特别有成就感，在这个成就感的加持下，整堂课他都会更有主动性。

第二，给学生"跳一跳够得着"的挑战。线上课互动的重要性不用多说，不过大家在"互动"上的探索往往都会从"数量"开始，但问了太多"1、2"或者"是、否"的问题很容易让学生感觉无趣。数量很重要，质量同样重要。在每道题、每个部分核心的思路点上去设置一些思考一下就能回答的问题，比如有一道题是：选出哪些是线段、哪些是直线、哪些是射线。这时候你可以设置一个问题，区分直线、射线和线段的属性是什么？这样，答对的孩子，会真正感受到快乐。

（案例来源：学而思-谢衍老师）

> 　　引导学生自己发现、说出核心知识，学生体验到了学习的成就感，再设置需要一点思考才能回答的问题，会促进学生的思考。谢衍老师通过巧妙地提问设计，既让学生开动了自己的小脑筋，又让他们体验到了学习数学的成就感，这样的课堂有谁会不喜欢呢！

【每天一问】

张老师是一位高一年级的班主任，他发现班里的学生都比较羞于提问。提问是打开思考的一把钥匙，张老师看在眼里，急在心里，所以要求每个学生每天准备一个问题，在晚自习的时候向老师提问。学生一开始都还比较紧张，提问的质量也不高。但随着提问次数增加，学生之间也互相讨论提问的内容，学生提问的质量越来越高。慢慢地，学生的学习成绩也逐步上来了。因为提问问题，学生之间互相讨论的话题也变成了学习，班里的学习氛围也变好了。

（案例来源：某公立校老师访谈记录）

> 在课堂上，老师可以通过提问，开启学生的思考。在课堂下，老师也可以鼓励学生提问，促进学生主动思考。张老师通过让每个学生准备一个问题向老师提问，慢慢启发了学生自己思考的习惯，还带动了班里学生学习的氛围。

第三，设置"适宜性"目标。

目标设置理论（goal setting theory）是美国心理学家洛克提出的一种激励理论，这种理论认为目标本身就具有激励作用，目标能把人的需要转化为动机，使人的行为朝着一定的方向努力，并将自己的行为结果与既定目标相对照，及时调整和修正，从而实现目标。因此，目标设置在激发学习动机方面有着前提指导的重要作用。

首先，目标设置应与学生的自身需要相匹配。学生的认知水平不同，目标设置也应有所不同，帮助学生设置"适宜性"目标有助于学生不断从反馈信息中获取胜任感，激发学习动力。老师要避免选择过易或过难的目标，应选择中等难度且具有一定挑战性的目标，即需要付出一定的努力便能够达成目标的任务，这能够带给学生最强的成功体验。

其次，学生应积极参与到个人目标的设置中。传统上，学生往往是被动地接受老师设置的目标，而且这一目标是面向全体的，对不同学生来说有难有易，在目标实现过程中学生可能会出现目标模糊甚至忘却的现象。因此，让学生参与自己学习目标的设置比被分配目标更能让他们认识自我，激发其学习的胜任感。

最后，老师和学生在目标实现过程中要及时做出策略上的调整。学生实现了某一学习目标并获得了胜任感后便会接受新的挑战，即为自己设置更高的目标以获取更高的胜任感。但随着目标任务难度的增加，认知策略的难度也随之增加，所以老师要帮助学生及时调整策略，平缓过渡，以实现对自己的更高期待。

【针对性教学】

在张芳倩老师刚上课的时候，班上有两位情况相似的学生，第一节课时，他们全程一脸茫然，看起来很吃力。第二周课前测时，不出所料，两位学生的成绩都比较差。通过学生的家长，老师了解到，学生以前从来没练习过写单词，对于他们来说，首先要跨过去的一道大坎便是单词。

于是，张老师给这两位学生制订了一个小小的单词学习计划，把大目标慢慢分解为每一天的一个个小目标。每天学习三个单词，听着单词的拼读音频，然后跟读，跟读的同时用手指指读，去建立单词的"读"和"认"之间的联系，接下来就是边听边读边抄写。每天三个，在开始学习新的单词前要复习巩固前三个学过的单词，加深印象。然后用拍照和语音的形式反馈给张老师每天作业完成的情况。刚开始实施时，很艰难，需要张老师一遍遍去催促，慢慢两三周过去了，每天晚上能定时得到学生的反馈，而且家长也表示学生对记单词没有刚开始那么抗拒了，记单词的速度也越来越快，有时自己会主动把任务量加到五个。就这样，张老师明显地感觉到学生的进步，最直接的反馈就是在课前测以及平时的课堂表现上，从几分到十几分再到二十几分，从茫然没有自信再到在课堂上积极参与。最让张老师欣喜的是后来一周的课前测，其中一位学生考了全班第三名！就是张老师这么一个小小的为学生设置适当目标的举动，为学生的学习带来了如此大的转变。

（案例来源：学而思-张芳倩老师）

与张老师遇到的情况有所不同，夏斐老师发现有一位学生平时数学成绩不错，但总是在某些题型上出错。夏老师首先带着学生梳理了易错题型对应的专项知识，找到每个专项里的重点和难度，做到心中有数，接着他从教研云中把每个专题近10年相关试题都找出来，再根据做题方法进行分类，给学生做了一个题集。课上就选出重点的题目给学生做练习、讲解，剩下的题目则会在之后的1—2月内按照每天或隔天做1—2道题的频率进行练习、巩固。经过这样的滚动练习，学生的难点逐一被突破，做题的正确率很快也上来了。配合着这样有针对性的突破训练，学生取得了非常大的进步。

（案例来源：学而思-夏斐老师）

同样，袁芳芳老师也发现，要想提升学生成绩，仅靠课上是明显不够的，她在课后把不同程度的学生进行了分层，针对他们的薄弱点，定制巩固练习题，让学生把学习的每个知识点练透的同时，也帮助敏学班和勤思班的学生去见识更多中档题目，夯实基础，提升能力。对于有难度的题目，录制视频讲解，帮助学生把每道题都做到位。

（案例来源：学而思-袁芳芳老师）

三位老师通过找到学生的难点或者对学生进行分层，给学生设置适宜的目标，并有针对性地给学生布置练习题。通过循序渐进的方式，将各个难点逐一攻破，

> 不仅帮助学生提升了分数，而且学生每攻克一个难点，就会建立起相应的成功经验，为学生之后的努力提供了信心和动力。

第四，教会学生"学会学习"。

我们之所以强调学生要"学会学习"，是因为需要让学生自己掌握学习方法，并应用到实际的学业中去，而不仅仅只是依靠外界的督促与帮助。通过有意识的自我学习所获得的提升，内心的成功感受会更强烈，成功后的激励也会更持久。

首先，老师要教会学生及时反思。老师要做一个反思型老师，在教学过程中指导学生列出自己的"问题单"，带领学生开展自我提问，使学生形成自我质问、自我检查的意识和能力，在反思自己的错误中学会学习。

其次，老师要教会学生学会思考。对问题的解决，老师重要的不是让学生知道结果，而是呈现给学生解决步骤以及如何解决问题的思维过程，然后引导学生从重视结果转向重视思维过程，引导学生表达自己的思维过程，从而加深对自身思维的认识和体验。

最后，老师要教会学生学习小技巧。研究表明，工作记忆容量与所写笔记的数量和质量相关。因此，老师应在板书中提供笔记的组织架构，减少学生记录量，提醒学生注重笔记结构性、提炼关键词作为索引等，避免因记笔记而影响了注意力。笔记也可按照颜色、字体大小来区分，比如绿色表示主要思想、蓝色表示细节、黄色表示关键词汇等。

由此可见，老师除了注重内容讲授外，另一个重要任务就是教会学生学习，使学生养成良好的学习习惯，进行有意识的自我学习，提高学习质量。

【注意"蛮干"的学生】

在叶子翔老师的秋季班里，有一个插班生，这位学生上课很认真，做题很专注，听讲也很专心，但是期末考试成绩非常差。经过叶老师的观察，发现这位学生的问题其实很明显，他只是不走心地疯狂刷题、做笔记，但是并没有潜心理解自己的笔记，也没有试图找到自身薄弱的地方，更没有意识去攻克自己的薄弱环节，最终导致了薄弱的地方还是薄弱，不会的地方还是不会。在后来的学习中，叶老师对症下药，他直接和学生一起分析，指出薄弱的地方是哪些，并告诉学生回去刷哪些对应部分的练习题，还告诉学生对于不会的题目可以看答案，但是过一段时间后，需要将这样的题目重新做一遍。好在学生按照老师要求的照做了。最后，在学校期末考试中，学生通过自己的努力获得了非常大的进步。

（案例来源：学而思-叶子翔老师）

对于初中生和高中生，其自我反思能力还有待提升，很多学生不知道要去分析"为什么自己下了功夫还是学不好？"叶老师对症下药，先"帮助"学生反思——一起分析薄弱环节；然后让学生有目的、有方向的练习——重点攻克哪些练习题，并告诉了学生方法——不会的题目隔段时间要重做，这其实就是在教学生"学会学习"、教学生进行"元学习①"：监督、调节、控制和自我反思。

【倒逼学生反思】

刘玮老师发现由于家长的旁听，部分学生会觉得自己听不懂没事，家长回家后会再讲给他们听。久而久之，会使学生在学习上失去一定的自主性与独立意识。针对这一现象，刘老师想出一个对策，那就是：每堂课结束后都给学生留一个特殊的任务——布置一道题，让学生回家给父母讲述这道题，而且最好是像老师讲给学生那样，让父母听懂。另外，学生可以加上自己的发挥，比如自己在讲的过程中所遇到的问题或其他内容，讲述完成后，家长需要对学生的讲述进行点评并签字。后来，刘老师每年还会举办口述大赛等活动，效果都非常好。

（案例来源：学而思-刘玮老师）

---

①元学习（meta learning/learning to learn）是一种对自身学习过程进行监督、调节、控制和自我反省的学习方式。

在讲一道题的过程中，学生会反思自己在解题时的思考过程以及解决步骤，这无形之中锻炼了学生的反思能力。老师还要求家长进行点评，这也是对学生的讲解进行反馈，帮助学生改进自己的思考。

学业成就实用小贴士

1. 注重教学内容、课堂板书"结构化"。
2. 课堂要进行有效提问，引导学生思考。
3. 帮助学生设置与其自身水平相匹配的目标。
4. 难度要适宜，最好是需要付出一定努力才能够达成的目标。
5. 带领学生开展自身提问，在反思中学习。
6. 教会学生思考，重视思维过程。
7. 教会学生具体学习技巧，例如如何记笔记。

能力信念 —— 及时肯定，建立学生信心

打造有胜任感的课堂，除了让学生获得学业成就外，还要让学生建立对自我能力的信念。在学习过程中，当学生的能力信念较强时，他们会更愿意接触未知领域，相信自己的

学习能力，愿意接受学习中有探索性、挑战性的部分，学习动力会更强。当学生的能力信念较弱时，面对问题更容易产生畏难情绪，选择逃避或放弃，学习动力也会大大消减。

1. 皮格马利翁效应

【搞错的优秀学生】

张老师在工作的第一年，接手了初二的一个班级。张老师在了解班级情况时发现，原班主任对A学生赞不绝口，说他很聪明、成绩优异并且在文艺比赛上都拿过奖，于是A学生给张老师留下了深刻的印象。但在实际接触了一段时间后，张老师发现A学生成绩平平，也没什么突出的艺术天赋。有时，课上一些简单的问题他都答不出。几次测验下来，成绩也始终处于中等水平。张老师很纳闷，思考会不会是自己的教学方法有问题？还是换了一位老师，学生不适应？于是，张老师开始"格外"关注A学生。

在课后，A学生有没听懂的题张老师就会尝试用多种方法给他讲解。在他遇到挫折时鼓励他："你是一个天资聪慧的孩子，老师相信你一定会越来越优秀的！"之后的课堂上，A学生聚精会神、勤于思考、积极发言，从他的目光中看到了"自信"。慢慢地，A学生学习越来越积极，期末考试如预期般地取得了名列前茅的成绩。张老师心想A学生果然像原班主任说的那样是十分优秀的。

　　一天，原班主任在翻看学生成绩时说："A学生进步真大呀！原来成绩一般，现在成了优等生啦！"张老师十分疑惑地说："您不是说A原来就是优等生吗？"原班主任说："我说的A学生已经转学了。"张老师这才明白原来是自己搞错了！

[案例来源：张珏（2010）]

> 　　学生能力信念的建立往往是从老师传递期待开始的。很多学生在学习过程中对自己的认识不够清晰，不够相信自己，所以仅凭借学生自身将成功经验内化为能力信念是比较困难的，这时，老师所传递的期待，就像一盏指路明灯指引学生逐步构建信念的堡垒。

　　早在1948年美国社会学心理学家罗伯特·C. 莫顿就提出了著名的"自我实现预言"（self-fulfilling prophecy）；1965年，美国著名社会学家肯尼斯·克拉克证实老师的低期望是导致学生学习效果差的原因之一。

　　1968年，心理学家罗森塔尔和雅各布森（Rosenthal and Jacobson, 1968）曾开展过一项著名研究，探讨老师期望对学生自我能力信念的影响。他们先对奥克学校（Oak School）1—6年级的学生进行一次智力测验，并且对外宣称测验结果能够预测学生的未来发展。然后随机选取约20%的学生，并告知老师这20%的学生未来会有很高的成就，使老师对这部分学生产生期望。8个月后，又进行了第二次智力测验。结果发现，这20%的被寄予期望的学生，特别是一、二年级的学生，测验成绩显著高于其他学生。而且，从老师的反馈中获知，被期望的学生表现出更强的适应能力、更有魅力、求知欲更强、思维更活跃等特征。这一结果表明，老师的期望能够传递给被期望的学生，产生鼓励作用，使学生相信自身能力能够实现期望，并充满信心朝着老师期望的方向努力。这一现象被称为"期待效应"，也称为"罗森塔尔效应"，或"皮格马利翁效应"。

之后，随着《皮格马利翁效应》被译为《教师期望效应》（又称《教室里的皮格马利翁》）（*Pygmalion in the Classroom*）问世（Rosenthal and Jacobson，1968），"教师期望效应"被正式引入教育领域直到现在，得到广泛应用。多方实证研究均表明，老师的期望对学生学习成效的影响达5%—10%，并能提升学生完成学业的信心，促进学生的自我实现。

2. 如何建立学生的能力信念

那么回归我们的课堂，老师应该如何建立学生的能力信念？

我们认为，老师可以从三个步骤着手，依次是真诚传递期待、及时肯定与反馈、有"仪式感"地庆祝进步。

第一，真诚传递期待。

首先，平等关爱并相信每一位学生的潜能。老师的期待会影响学生的自我意识，老师往往会对不同学生有不同的期望值。当老师表现出期待时，学生会接受老师行为的暗示，表现出相应的行为，并朝着老师期待的方向发展。因此，老师需要平等地对待每一位学生，对每一位学生寄予厚望。同时，老师要充分相信学生的潜能，真诚坚定地传递期待，要相信他们都是可造之才，有无限的可能。

其次，保持期待的合理性、适时性。老师期待要保持合理性，也就意味着期待要具有可行性和可操作性。《教育心理学》（路海东，2002）一书中指出"老师的期待只有和传递期待的行为联系起来，才能成为影响学生的力量。"如果老师期待定的过高，就很难落到实处，无法形成影响学生的力量。所以，要从实际出发，在学生现有水平上形成期待，不能脱离实际。

老师期待过高，学生可能会望而生畏，产生抵触心理；期待过低，对学生而言又没有激励性和挑战性。所以老师期待要合理，既要超出原有水平，又要让学生通过努力可以实现。同时，老师要在合适的时机传递期待，例如在学生遇到困难时或是在开启学习新知识时，适时地传递期待会强化学生的信心，让他们坚信自己可以做到。

第二，及时肯定与反馈。

及时肯定与反馈对于建立与强化学生的能力信念具有促进作用。老师应利用适当评价与及时反馈对学生学习过程中的积极转变给予强化，及时肯定学生的点滴进步，使学生产生由老师肯定带来的自我认可的信念感，激发学习动力。

这就突显出了赏识教育的重要性。老师需用欣赏的眼光看待每一个学生，观察并发现他们举动中潜藏的闪光点或点滴进步，如学生在课堂上专注的学习状态、学习过程中提出的问题或观点、对待学习或生活表现出的积极态度等。除语言的肯定之外，重视微笑、点头、注视等表情和动作，使学生通过视觉感知老师的关注和肯定心领神会，从而更愿意主动参与到学习活动中来。拥有独特人格魅力、懂得欣赏学生、善于观察并发现学生优点的老师更容易收获学生的青睐。与此同时，学生也会逐渐因为老师的肯定，愿意尝试并努力做到最好，形成良性循环。

需要注意的是，及时反馈并不意味着要对学生的每一个行为都做出回应与评价。老师需要关注反馈的时机与强度，保证反馈的及时、持续及有效，让反馈本身具有激励性。在这种肯定与鼓励下，学生会对学习充满期待，逐渐肯定自己的能力。

第三，有"仪式感"地庆祝进步。

"进步"作为一种普遍的教育价值贯穿于人的一生。老师应该帮助学生感知到每一个或大或小的进步。"庆祝进步"就是将进步可视化，老师可在每堂课的最后带领学生回顾学习目标，帮助学生感知本节课取得的进步和成长。这一动作实际上是促使学生从课堂内容本身抽离出来，站在更高的角度审视自己本堂课的学习，这也是早期的元认知[①]训练。

我们所提出的"庆祝进步"实际上是说在学生获得了真实的成功经验后，不论事件的大小，老师都要充满仪式感地肯定学生的进步。对于年龄比较小的学生而言，"庆祝进步"尤为重要。年龄小的学生自我认知还尚未完善，需要借助外界的评价反馈来认识定义自己。此时，"庆祝进步"就是帮助学生将成功经验转化为内在能力信念的一个契机。这会让学生非常清楚、明确地接收到老师对自己的肯定，增加他对自我能力的认可。如果没有及时庆祝他的进步，或者将学生的进步与其他人做比较，就会导致他自我怀疑，能力信念感大大降低，甚至会逐渐丧失学习动力。

【大家的作文集】

为了锻炼学生写作能力，到了三年级及以后，杨老师都会给学生布置一个任务——每周一记，让学生就身边发生的一件事写成一篇作文。不过学生表现得不太积极，也不知道作

---

① 元认识是对认知活动的监控与调节。

文应该怎么写，写得像流水账一样。为了让学生知道好的作文是什么样的，也为了让他们能更积极一些，每周学生交上作文以后，杨老师都会在每篇作文最后写上自己的评语，哪里写得好，哪里应该怎么写。同时，杨老师还准备了一个厚厚的大本子，作为班级的作文集。每周杨老师把写得特别好的作文选出来，当着全班学生的面表扬这些学生，然后让这些学生把作文誊写在作文集上。被选中的学生，像得了金牌一样，非常有荣誉感，他们会工工整整、小心翼翼地把作文誊写在作文集上，这样好作文越积越多。为了调动全班同学的兴趣，杨老师让每个学生都有机会把自己的作文誊写在作文集上。这样全班学生的写作积极性都被调动起来了，学生不仅自己非常努力写作文，也会特别看重作文集里的作文，经常翻阅学习。后来，杨老师班上学生的语文成绩都普遍比较好。

（案例来源：某公立校老师访谈记录）

　　杨老师不仅给每位学生的作文进行批注，给予学生反馈。她还将反馈做得非常有"仪式感"，将好的作文誊写在作文集上，供全班学生传阅。这一做法不仅让学生知道了什么样的作文是好作文，还让学生产生了期待——希望自己的作文能够被选入作文集，调动了全班写作的热情。

【相信后面会更好】

王海平老师在刚开始教大班的时候，班里有个学生是个小调皮，每节课都坐不住，上课时还自己唱歌，不仅他自己上课吸收不好，也会影响其他学生的学习。王老师用了一个小朋友之间常用的沟通方式——拉钩。上课前跟学生勾手指做约定，如果他能做到有问题先举手，下课老师就会奖励他一个小礼物。学生听到这个约定后很开心，大声说他能做到。上课后果然他小背挺得直直的，很认真听课，但是大概十五分钟后，有点坐不住了，王老师就悄悄走到他面前跟他说："宝贝，前面表现得真好，相信后面你会听得更认真。"学生听到表扬后上课更认真了，回答问题小手举得高高的，更加积极了。就这样经过一段时间的努力，学生变得很期待来上课学习，状态也越来越好。

（案例来源：学而思–王海平老师）

案例中的学生坐不住，如果老师要求他立马坐好，这超出了学生的能力范围，反而会引起学生的抵触心理。案例中的老师先是传达了自己的期待——有问题先举手，不要动，这是学生可以做到的；然后在学生快坐不住的时候，再给予表扬和期待——前面做得很好，后面会更好；最后庆祝学生进步——奖励一个小礼物，这些行为让学生变得更加认真积极，引导学生往好的方向发展。

【我进步了，老师您看到了吗】

在2015年，杨兆静老师带有一个非常头疼的提高班，学生们活泼好动，都已经是初三的孩子了，表现出来的很多行为却非常的幼稚，特别是有个学生上课的时候经常跑神，每次杨老师都要专门停下来跟他说："田京京（化名），认真听讲。"有一次下课，杨老师把田同学留下来，对他进行思想教育，最后他非常认真地问杨老师："老师，您难道没有发现我这段时间进步了吗？"杨老师愣了一下："你进步在什么地方？"孩子回答："我以前都坐最后一排，现在每次来上课，都坐第二排，老师您没发现？"杨老师回想了下，的确是这样，但她以为那是因为最后一排没座位，这位学生只能选择第二排的空位。学生仿佛看出了老师的心思，于是说："老师，我专程让付同学帮我留的第二排的位置。"杨老师接着问他："那你觉得坐在第二排之后自己学习上的进步是什么？"他回答说："我最近听课更认真了，在学校的成绩也有了进步，但是好像没有人发现我的进步，无论是学校其他老师，还是您，都没有人肯定我的进步。"这时候，杨老师脸红了，她想道："的确是这样，我总是盯着学生还有哪儿不好，而没有看到学生哪儿好或者哪儿更好了。"于是，杨老师跟学生说："以前老师的确没有注意，从今天开始，老师一定会认真观察你的每次进步，肯定你、鼓励你。"其实不只是田同学，对每个同学，杨老师都开始认真观察他们的进步：学习上更专注了，22题能解到第二问了，愿意留下来问问题了。在这个过程中，学生在不停地进步、成长。

（案例来源：学而思-杨兆静老师）

> 从案例中可以看出，学生是多么渴望老师的关注和认可。所以，给予学生及时的肯定与反馈很重要，但是很多时候，老师往往忽略了这一点。案例中的学生向老师阐述并证明了自己的良好转变，提醒了老师；老师承认了这一问题，及时调整并改变了这一现状，最终开始认真观察每一位学生的良好转变并及时给予反馈。这是每一位老师需要注意的。

能力信念实用小贴士

1. 平等地关爱每一位学生，相信学生潜能，并且真诚坚定地传递期待。

2. 根据教学过程及学生实际情况，合理、适时地传递期待。

3. 善于用发现的眼光捕捉学生身上的闪光点，并且给予及时肯定和反馈。

4. 关注学生的微小进步，充满"仪式感"地与学生庆祝进步，帮助学生感知成功经验到能力信念的转化。

意义感：持续学习的发动机

　　教育神经科学家索萨曾指出（Sousa，2011），老师花费大量的时间备课，确保学生能理解课程内容，但事实上，老师需要花费更多的时间帮助学生建立知识与他们之间的关联和意义；而且，10年前对学生有意义的东西，现在不一定对学生有意义。

　　"意义"两个字听起来应该格外耳熟，我们常常会被问道，你做这件事的意义是什么？我们也经常会思考关于自己人生的意义。正因为人类是天生的意义找寻者，所以意义才为生活提供源源不断的能量，学习也是。

　　"意义"，之所以位于我们学习动力模型中的最顶层，是因为在学生经历了"归属""胜任"这一系列的学习过程后，最终，他还是会问老师、问家长、问自己：我为什么要学习？我学习的意义是什么？

【寻找自己的"意义"】

　　有个学生被问到为什么要学习时，他认为是考上名牌大学。而在被问到为什么要考名牌大学的时候，他就会说："是因为我爸妈说了，一定要考名牌大学。"这个"考大学"的意

义其实并不是学生自己的，而是"爸妈说的"意义，这就是老

师平时所说的"为爸妈而学"，不是"为自己而学"。最后
经过深入了解，这个学生终于找到了自己想要学习的意义：
"我们家这个县城太小了，我不想一辈子窝在这里。考上好
学校，我才能走出去，认识更多不一样的人，看到更大的世
界。"这时，学生才算找到自己和学习的联系——为自己而
学。学习的意义可以多种多样，但应与学生个人相关，只有发
自学生内心的需求，才能持续地驱动学习。

（案例来源：某机构老师访谈记录）

"意义"是什么

"意义"是个体对于做某件事"目的"的认知，即"为
什么"要做，这件事和自己的关系是什么。也就是说学生要理
解学习与自身的关系，即为什么要学习，以及学习能够带给自
己的现实价值与长远意义。

研究发现，内在驱动力强的人，会把他们的愿望寄予比
自己更宏大的事业（意义）上；那些持有意义目标（而不是利
益目标），并且认为自己正在实现这些目标的人，他们的自我
满意度、自我评价和积极情感水平更高。

我们知道学生对于探索世界的诉求，最初是由好奇心驱
动，而当学习变得艰巨甚至枯燥时，"好奇心"便不足以支撑
和解释"为什么"要学习这件事。此时，学生需要了解学习和

他们的关系，以及学习能带给他们的近期价值和长远意义。

补充阅读　意义感背后的脑科学

脑科学的研究表明，大脑前额叶中的眶额叶皮层和内侧前额叶皮层，是决定人们能否学习各类奖赏的价值，并做出有效决策行为的关键。对于学生的学习动机问题，我们应该特别注意的是青少年的大脑前额叶皮层还处于相对未成熟阶段，因为缺少生活经验，青少年也就难以对各种选择做出准确的价值判断。基于这些考虑，教育者应该更多地帮助青少年认识到学习的价值以加强他们的学习动机。研究者（Hulleman and Harackiewicz，2009）已经证明通过一系列简单的强调学习内容和学生自我联系的干预措施能够有效地激发学习动机。

意义感的表现

拥有意义感的学生，会意识到自己所学的知识能够帮助自己解决生活中的问题；会更容易将当前的学习与长远目标联系起来；当他们拥有长远目标时，会将当前的学习看作是实现理想的途径；对待学习会更有恒心，更不容易被困难打倒。

缺乏意义感的学生，会把"学习"和"生活"割裂地看待；他们不理解自己为什么要学习，不理解学习眼前这些看似"无用"的知识在未来会给自己带来什么；会对"学习好"产生误解和偏见；和缺失自主感的学生一样，他们更容易被外部奖惩驱动，当外部因素撤销，抑或是遇到学习上的困难时，他们更容易选择放弃。

我们不难看出，"意义"作为模型中的最顶层，对于学生学习动力的养成有着"编筐编篓，重在收口"的关键作用。意义的找寻却并非易事，需要老师充分发挥自己的作用，在教学过程中，循循善诱、慢慢引导、帮助学生建立他们学习的意义，有意义的学习才充满着动力。

兴趣激发 —— 让课堂变得更有趣

通常，对一件事感兴趣或者认为这件事有价值，都会让人们有意愿坚持下去。学习也是这样，我们希望学生在充满意义感的氛围中学习，而有意义感的课堂主要由两个部分组成：兴趣激发和价值构建。这里我们先介绍如何通过激发兴趣，打造有意义的课堂。

1. 兴趣与"心流体验"

人格心理学家高尔顿·威拉德·奥尔波特认为兴趣是人类的一种"自主性功能"，是一种情感状态，可以驱策人的行动。也就是说，当学生的学习兴趣被激发时，一定程度上会影响学生的行为，驱动学生全身心投入学习，不断强化学习的动力。

为什么兴趣这么重要？因为它是学生获得"心流体验"

的前提。"心流体验"是指当个人精神力完全投注在某种活动时，产生的高度兴奋感及充实感。在学习情境中，是理解或顿悟时的愉悦感，如在深扎知识过程中突然出现的"我明白了"的感觉，这是一种最快乐的脑体验，是一种"心智的极度快感"（intellectual orgasm）。对于天性追求快乐的大脑来说，一旦获得过这种体验，就渴望再次拥有。

而只有当学生对所授内容充满兴趣时，他们才会全身心投入思考并积极探究。当学生将知识的碎片拼凑起来，攻克一个个难题，思维通透的那一刻，"心流体验"出现，带给学生的是极大的兴奋感、充实感以及对学习的动力。

2. 如何激发学生的学习兴趣

我们已经知道，学习兴趣对于学习动力很重要。那么老师应该如何有效激发学生的兴趣呢？结合教育学以及脑科学的一些研究，我们为大家送上三个建议。

第一，重视"幽默"的力量。

幽默很重要，课堂中的幽默能够暂停知识内容的讲授，这个短暂的停止被称为"创造性暂停"（productive downtime），这段时间是知识发生联系和巩固的重要契机（Tamblyn，2003）。

以色列特拉维夫大学艾弗纳教授曾做过一项著名的研究，证实了课堂幽默对学生学业成绩的影响（Ziv，

1988）。实验随机选取了161位学生，将他们随机分为实验组和对照组，安排同一位老师进行授课，并且授课内容也完全一致。唯一不同的是，老师在给实验组学生授课时，添加了精心设计的幽默元素（每节课3—4个与课程有关的笑话）；而给对照组授课时，并未添加任何幽默元素。实验结果表明，实验组学生的期末成绩显著高于对照组学生的期末成绩，由此，艾弗纳教授得出结论：使用幽默对学生的学习成绩具有促进作用。

幽默就是有这样的"魔力"，不仅可以帮助老师收获学生的喜爱，还能帮助学生保持兴趣，提高成绩。但值得我们注意的是，幽默并不是教学的目标，课堂中需要什么样的幽默，老师又该如何正确使用幽默，都是值得探讨的问题。

首先，老师要重新定义"幽默"。教学中的幽默不是指行为表现上的"幽默"，也并不等同于讲"段子"，而是一种可培养可学习的教学技能，是育人的方式，也是一种教育艺术。真正的幽默，源于对生活的开放、乐观的态度以及有趣的灵魂。所以，老师要跳出"我不是一个幽默的人""我的授课风格不是幽默的类型"这样的误区，注重知识的拓展和自我的提升，真正由内而外地散发"幽默"的气质，对学生产生正面的影响。

其次，善用"幽默"。老师使用幽默要适当，不需要在每个环节都加入幽默元素，要善于把握时机，抓关键、抓重点。例如在学生注意力不集中、教学内容比较深奥、学生感到疲劳或犯错时，老师就可以适当地发挥自己的幽默机智，使教学取得事半功倍的效果。

同时，使用"幽默"还有一些小技巧。例如，老师可以提前准备幽默素材，如板书添加"拟人"图案（尤其是笑脸）、课件中添加趣味表情包、加入提前测试过的小笑话；也可以根据课堂情况临场发挥，用口误制造笑点、自嘲等；还可以为自己打造有趣的人设，如制作自己的表情包或小视频、头戴小饰物或手套布偶（小学低年级适用）等道具。不过，需要注意的是：避免使用学生姓名、外貌、文化价值等可能伤害学生自尊的素材开展幽默。

【 圆鼓鼓的肚子 】

"多角度构思作文"这个话题本来就很抽象，所以学生难以熟练地理解和运用这一概念。胡旭帆老师作为一位语文老师，在设计这个主题课程内容的时候也是思考了好久，最终决定拿自己的肚子为学生做"支撑"，帮助学生理解这一内容。胡老师说："什么是多角度构思呢？就拿我这肚子来说吧，圆圆的、鼓鼓的，不好看、不美观。可它也不是一无是处，比如说以前我很瘦，站在大风里感觉随时会被吹跑，现在不怕了，走在风中步伐坚定，底盘很稳，好像台风都刮不跑我。" 学生们听完后哈哈大笑，思路也顺便被打开了。接着，学生们也七嘴八舌起来："大肚子可以给人当枕头，软软的，很舒服。""肚子大也可以跳舞，唐朝的安禄山就挺着个大肚子，可胡旋舞跳得飞快！反而感觉更美了。"就这样，胡老师圆滚滚的肚子成功地帮助学生们理解、练习了多角度构思。

（案例来源：学而思-胡旭帆老师）

> 胡老师用自嘲的方式，向同学们展示了什么是多角度构思，同时烘托了课堂氛围，激发了学生对多角度构思的兴趣。

第二，积极投入，情绪感染。

脑科学研究表明，积极情绪能显著提高行为及判断的灵活性，这是因为传递愉悦感受的神经化学物质——多巴胺，能够影响人类的工作记忆、判断及决策（Ashby et al., 1999）。当学生处于积极情绪时，才有可能出现高阶思维及顿悟（Aspinwall and Richter, 1999）。所以老师在教学过程中，要注重调动学生的积极情绪，最直接的策略就是老师积极投入教学，利用情绪感染的力量。

【从强制到投入的家长】

初一暑假的时候，付娇老师班上的一个孩子上课特别不专注，两眼无神，上课完全不在状态，而且坐不住。家长在学而思陪孩子上了几节课后就意识到了问题的严重性。

孩子的家长特别生气，尝试去要求孩子，但发现孩子根本不听，把家长一度气到住院，甚至做了一个小手术。在发现强制要求没有效果之后，孩子家长放弃了硬碰硬的做法，开始向很多有经验的家长、老师请教学习，调整自己的方法。

经过沟通学习，家长决定陪着孩子学习，从初一到初三的每一节数学课，都陪孩子一起上，而且在后面全程记笔记，跟孩子一起学，回家一起讨论。这个孩子在初二的时候开始发生了转变（成绩和状态），状态上开始变得积极学习，成绩自然也就提高了。初一到初二这个孩子是在校内的普通班上课，到了初三就考进了实验班。最终孩子的中考成绩非常好。

（案例来源：学而思-付娇老师）

对于学习不在状态的孩子来说，学习本身不是一件可以产生愉悦感受的事。此时要求孩子，是不起作用的，因为孩子的情绪不对，即便他照做了，也体验不到高阶思维的乐趣。只有先改变孩子对学习的情绪，让他有一个好的体验，才能最终做到对学习产生兴趣。孩子家长通过自己投入学习，和孩子讨论学习，把这种学习的劲头传递给孩子，同时孩子也体验到了学习的乐趣，最后才发生了一系列的改变。

前面所说的"积极投入"，是指老师在授课过程中要充分表达出自己对所授知识的热情和兴趣，将积极的情绪传递给学生。当老师面无表情、毫无情绪波动地讲课时，学生的学习兴趣会大大降低，容易走神和困倦。在授课过程中，老师还可以多使用情绪感染，比如老师自己的笑容或爽朗的笑声，将愉悦情绪迅速传染给学生，调动学生的大脑活跃度。

第三，搜集有趣周边。

除了上述两种方法，老师还可以根据课堂内容进行扩充，搜集一些与所授知识相关的有趣周边。尤其是当课程内容比较难理解或是枯燥乏味时，在备课阶段可以有意识地寻找一些与课程相关的有趣内容，例如一些动画图片、影片节选或者小故事之类，在讲授知识的同时加入此类延伸内容，从侧面诱发学生对知识的兴趣和探究欲望，从而提升学习动力。

【背后的故事】

数学老师吴承峰，在平时备课的时候，会上网查找许多和课程内容有关的小故事和小知识，在课堂上讲给学生听，用更丰富有趣的内容来解决数学知识的枯燥问题。比如在介绍幂运算时，吴老师给学生讲了为什么用"幂"这个字来表示指数形式，而不是其他文字：幂在古代表示方形的巾，古人会戴在头上遮阳，而幂字拆开来有冖、日、巾，也有将巾戴在头上，挡住太阳的含义。指数形式就特别像一个数字头上戴了个东西，所以人们就用这个字来表示指数的这种形式，因此有了幂运算的称呼。这个"翻译"非常的形象，并不是一个毫无来源的生僻字，这样学生一下就记住了"幂"这个称呼所代表的数学含义以及如何书写。通过这种挖掘知识背后的典故、故事、趣事的方法，吴老师既加强了学生对概念的理解，同时也让枯燥的数学变得有意思，激发了学生的学习兴趣。

（案例来源：学而思-吴承峰老师）

与吴老师的做法类似，高中化学老师马老师，在课堂设计上，也很注重学习的趣味性与直观性。因为化学是一门需要动手做实验的学科，但有些实验很危险，很多老师就选择忽略这部分实验，或者只是口头描述。但是马老师认为看到化学实验的发生过程会帮助学生了解化学反应的机制，并促进学生的兴趣和记忆，不能随便删去。所以每节课，马老师都会用心查找相关的视频，做成PPT，在课上放给学生看。有时候，学生亲手做了实验，马老师也会用视频把其中的细微变化展示出来，让学生知道发生了什么。

> 通过以上两个案例可以看出，有趣周边可以唤起学生的求知欲，并且不局限于课前、课中或课后，老师可以在任何一个环节将其渗入。周边要紧贴课程内容，贴近学生，有趣的同时尽可能激发学生的求知欲、探索欲。此外，若是周边内容与学生自身相关则更好。

兴趣激发实用小贴士

1. 重新定义"幽默"，幽默不是讲"段子"，而是一种教学技能，来源于老师开放乐观的生活态度以及不断地知识拓展和自我提升。

2. 善用"幽默"调节课堂节奏，使用幽默的好时机有：学生注意力不集中、教学内容较晦涩深奥、学生感到疲劳或由于犯错过度紧张时。

3. 发自内心表现对所授知识的热情，并且善用自身笑声或笑容，感染学生的积极情绪。

4. 搜集有趣周边，延伸课堂知识，从侧面诱发学生的兴趣和探究欲望。

价值构建 —— 让学生知道学习的价值

在前面，我们介绍了意义感的一个来源 —— 兴趣。这一部分我们来探讨意义感的另一个来源 —— 价值构建，即帮助学生非常有效地获得学习的意义感。价值构建不但是维系学生长期饱满学习动力的必要因素，也是决定学生未来学习的发展方向。

1. 建立关联与学习动机

对学生而言，构建价值实质上是使学习与自身建立关联，如学生能够将知识与现实生活结合起来，形成对知识的个人看法与具体应用，建构起具有个人意义的知识体系；或者将未来发展与当前的学习建立联系，感受到努力学习是实现自我理想的重要途径。

国外研究者（Hulleman and Harackiewicz，2009）曾探讨了知识与学生的关联性对学生成绩的影响。实验旨在研究"强调课程知识与学生的相关性是否会促进这门课程的成绩表现"。研究者召集了来自不同学校的262位学生，并将他们随机分成两组。第一组（实验组）学生每堂课后被要求写下本节课习得的概念在自己实际生活中是如何被运用的，或者与自身有何种关联；而第二组（对照组）学生仅被要求罗列本节课习得的概念，不要求与自身进行关联。一个学期后进行测验，研究者发现，实验组学生的成绩表现显著高于对照组，且实验组学生对该学科表现出了更强的探究欲望。这项研究的结果说明，通过强调学习内容和学生间的关联，能够有效地激发学生的学习动机，提升学习效果。

2. 如何帮助学生构建学习的价值

回归我们的课堂，老师应该如何帮助学生构建学习的价值？我们认为，老师可以从以下三个策略着手。

第一，向学生解释知识与实际生活的关联。

知识的有效理解依赖两个背景：一个是知识本身的背景，包括知识是怎么产生的，与其他知识有什么关联；另一个是知识的应用背景，也就是知识是如何在现实生活中应用的。如果没有背景，学生记住的书面符号再多、背诵得再多，脑海中也只是零散的知识，无法形成有机的知识体系。而强调知识的背景，尤其是与现实生活的关联，可以让学生将知识与自身的经验、实践、感悟结合起来，对知识进行深度学习，达到融会贯通的效果。比如给学生介绍食物能量的多少，可以说"用一块巧克力所含的能量，你可以走路15公里、骑车40公里"。这种说法要比单纯地说"一块巧克力有500卡的热量"要有效得多。

日内瓦博物馆馆长在《原子的奇异世界》一书中，将正离子比喻为"男性家族"，将负离子比喻为"女性家族"，将稀有气体比喻为"单身人士"。他还给不同质量的原子装上了不同数量的手臂；每个重要的原子都有自己的身份证，上面有它们的主要特征。他用夫妻关系来比喻一些化学反应，用婚姻规则说明化学反应的规则，比如每个原子的"手"必须和性别相反原子的"手"握在一起等。他对原子的剖析使学生轻松而清晰地理解了原子的性质，以及原子之间的结合规则（安德烈·焦尔当，2015）。

脑科学有关记忆的研究表明，在新信息输入过程中，如果同时嵌入与个人相关的信息，或是与现实世界的关联，那么大脑对于此类新信息的加工会远超机械重复的效率，并且更容易进入大脑的长时记忆（Poldrack et al., 2001; Gardner, 1991）。

具体来说，老师在备课过程中，可以时刻储备一个来自学生视角的发问："我为什么要学习它？"而不是直接进入如何学、怎么学的步骤。一个典型的例子：遵循课标的时间线，当小学生已经学习了加减法的精确计算，又会被要求学习估算，很多学生就会产生困惑，不知道学习新内容的意义是什么。此时，老师要向学生阐明学习估算的原因和应用场景：在实际生活中，很多时候我们没办法或是并不需要精确数值，只需要一个估算值就能够快速解决问题。类似的情况还有很多，在授课过程中，如果不能帮助学生理解学习内容在生活中的应用价值，就容易影响到学生的学习动力。

【真实才是我们认识世界的途径】

学而思的时俊明老师认为，如果能够结合实物或事实去学习，必然有助于学生理解和掌握。所以时老师特别注重教学中的教具设计，主要体现在两方面：

一是，实物重现场景教学，即直接引用实物教具。举例来说，学生认识数与量的对应关系时，有的老师认为画几个圈与拿几颗漂亮的珠子，感觉差不多，甚至有老师认为画几个圈更好，省钱又方便，还有更少的因素影响和分散学生的注意力。但时老师认为，我们画出来的本身就是符号，就需要学生在脑子里进行一个转换，不如实物对感官的刺激更直接和明显。另外，漂亮的珠子确实会吸引学生，在数量的认识之外有所思考。这种思考才正是我们培养"人"的需要，这种在真实世界中对数量的认识，才是我们认识世界的一种有效途径。

二是，实物材料模拟场景，实际就是我们说到的设计教具。有很多不能直接拿来就用的材质、物品，通过适当的材料、结构、方式实现出来，使其能够替代本来不便于实现的实物。比如原本可能需要金属材质的物品，但成本很高，学生操作可能又有一定的困难或者隐患，老师可以通过纸模设计，实现所需效果，既能降低成本，又不影响认知需求。

（案例来源：学而思-时俊明老师）

时俊明老师注重联系现实，让学生在现实中学习抽象的知识。一是解答了学生的疑问"我们为什么要学"，因为现实可以让学生认识到知识的用途。二是促进了学生深度理解知识的本质，因为知识和学生已经理解的生活经验联系在了一起。长远来看，非常有利于学生形成系统的知识体系。

【 在实践中学习写作文 】

王老师是一位语文老师，在每个单元的最后都搞一个单元活动。这次的单元活动，是调查当地的环境，然后写一篇调查报告。王老师就让学生想一想怎么做调查，其中有一位学生说得头头是道：去小区、去公园、去河边调查植物的数量，访谈大家对环境的看法等，并且还安排好了工作：有人拍照、有人记录、有人踩点。于是王老师就让学生大胆去做，还给学生提供了照相机，并且帮学生联系了自己在生态环境部门工作的朋友，让学生去访谈，了解环境情况。学生怀着极大的兴趣完成了这一任务。

经过这样的调查，学生写出了很好的调查报告，他们也明白了作文不是乱写，而是要有真情实感，要观察生活。从那以后学生再也不害怕写作文了，他们懂得了写作文要先有想法，再下笔。王老师班级的语文成绩在学校也一直名列前茅。

（案例来源：某公立校老师访谈记录）

> 　　理论来自实践，如果只给学生讲理论，没有实践，学生就不会感受到理论的真切含义。王老师给学生支持，让学生亲身实践，然后写成调查报告。学生在这个过程中体验到了写调查报告、写作文和生活的联系，让他们学习到了写作文的方法和意义。

第二，帮助学生找到远期目标，并搭建"目标梯"。

首先，老师要帮助学生找到远期目标。远期目标像是知识海洋中的灯塔，不断指引学生前进的方向。在帮助学生发现并建立远期目标时，需要注意以下几点：一是建立远期目标的主体一定是学生，老师的角色只是"帮助"，不能代为制订；二是建立远期目标的意义在于"目标感"，而不是"确定不变"，重要的是让学生理解学习是实现目标的"必经之路"，能更全身心投入到当下的学习；三是目标的建立一定要适应学生的发展阶段，例如高年级的学生已经具备一定的独立思想，可以从学生未来想做的事情、想从事的职业等方面入手，建立远期目标。这个目标可以设定的足够大，可以不那么客观实际，但必须是学生愿意为之努力的。

其次，帮助学生搭建"目标梯"。任何事情都不是一蹴而就的，远期目标的实现亦如此。老师在帮助学生建立远期目标后，还要将远期目标拆分成一个个近期目标，最终和学生当下的学习建立联系。这样一来，在学生的感知层面，就不仅是完成了这一阶段的学习任务，还意味着向前每走一步，都更加靠近自己的人生理想。只要当学生意识到当下的学习和未来想要做的事情相关时，这就会成为学生学习的一个持续"燃料机"。

【一步一步慢慢来】

荣秀骏老师班上有个中途转学过来的学生，他发现她上课经常走神，作业不认真做，课间也不参与任何话题的讨论，活在自己的世界里。后来荣老师从学生妈妈那边了解到她非常不喜欢数学，上数学课的时候经常是这种状态。对于这种情况，荣老师在那段时间非常发愁，因为自己不知道该如何与她进行交流。再到后来，荣老师发现学生不喜欢数学最大的原因是：她不愿意思考问题怎么解决，她希望自己可以按部就班地去做一道题，不需要思考更多的事情。基于学生的这种情况，荣老师就直接让她在暑假的时候做计算题，先是比较简单的计算，然后在遇到数值特别大的计算时，荣老师慢慢引导她进行巧算，渐渐加深她对技巧重要性的意识。就这样，一个暑假过去了，学生一直坚持计算，一天都没落下，当荣老师再和学生妈妈沟通的时候，妈妈说她现在对于计算产生很大的兴趣，对数学也不再那么排斥了。

（案例来源：学而思-荣秀骏老师）

　　荣老师的问题，林晓明老师也遇到过。她班上有一位学生，计算能力较弱，并且抵触做题。林老师明白，学生已经对数学产生了抵触心理，一定要先让他在提高计算能力的同时，也体验到学数学的乐趣。这关键的问题就是在如何出题，所以她在搭建"目标梯"时是这样做的：首先题目不能过难或过易；然后，固定一页练习包含80道题目，其中，有20道容易的题目、40道适合的题目、20道有一定难度的题目；最后，让学生每次都从容易的题目着手。在其过程中根据孩子的情况随时调整题目难度，并逐渐增大难度。就这样过了3周，学生的计算能力有了明显的进步。根据学生的妈妈描述，学生从最初把练习计算当成一项任务，到后来每天早上一起床，就主动跑去找妈妈做题。学生对自己的计算能力已经有了信心，并且开始喜欢上这项小活动。

（案例来源：学而思-林晓明老师）

　　这两个案例中的学生对数学都有抵触心理。两位老师没有要求学生立刻就做多么难的题目，而是考虑到学生的情绪体验，先从简单的题目切入，让学生体验到做题的成就感，改变对计算的认识。而后逐渐根据学生的计算水平，提高题目难度，提高学生的计算能力，为学生搭建了一个"目标梯"。

第三，启发学生思考"学习"的真正含义。

学生对学习的定义，通常是短视或者是有偏差的，需要老师倾注更多耐心帮助矫正。在当前应试教育的背景下，学生很容易走进学习就是"上课—作业—考试"这样一个误区。但是"考试"并不是学习的终极目的，"为了学习而学习"只会让学生感受枯燥、乏味与迷茫。真正的学习不应该是功利的，学习不是为了获得更高的分数，也不是为了和他人一较高下，更不是为了成为其他家长眼中"别人家的孩子"。我们所说的"学习价值"和"学习意义"都是基于学生自己而言的。

学习是一项长期的、相伴人一生的活动。学习的底层是对于新信息的好奇和探索，任何对于新信息的思考和汲取都是学习，任何行为或思想上的细微改变都是在开启学习。当学生意识到学习的真正意义后，不仅能够更好地认识外部世界，也能够帮助自身发现问题和自我完善，这对于学习动力的提升与个人发展都具有重要意义。

【体育专业也需要学习文化课】

小五是胡进清老师班上的一位体育特长生，除了体育成绩好之外，文化课成绩相当差。由于文化课基础差，小五对各科学习毫无兴趣。课堂上经常人在心不在，被动应付式学习，对老师的劝告也非常反感。

一段时间的观察下来胡老师发现，她对体育有发自内心的热爱，但是却没有"文化课成绩不好，单凭体育特长生无法考上理想大学"的概念，于是胡老师一次次地找机会和她沟通，搜集了她理想大学以及历年来文化课的分数线，旁敲侧击地不断渗透文化课成绩的重要性，并且帮她分析虽然文化课成绩一直都不理想，但体育专业成绩很不错，如果能够充分发挥特长，考上大学并没有自己想象的那么难。终于让小五慢慢明确了目标，理解了文化课学习的重要性。最终通过努力，她在后来的高考中取得了不错的成绩。

[案例来源：胡进清（2016）]

案例中学生最初并不清楚文化基础课程与考上理想大学之间的关联，通过老师的循循善诱，并帮助学生明确目标，学生逐渐将考入理想学校的目标与眼前文化课的学习建立关联，激发了学习动力，最终实现了理想。

价值构建实用小贴士

1. 备课时，要从学生视角思考学习知识的原因，将知识与学生在生活中的实际应用联系起来，并鼓励学生课后尝试应用。

2. 帮助学生发现个人理想，理想可以足够大，并不一定客观实际，但必须是从学生自身出发，而不是父母或老师制订的。

3. 帮助学生搭建"目标阶梯"，将学生的思想拆解成阶段性的小目标，直到小目标与当前的学习产生关联。

4. 启发学生思考学习的真正意义，学习的底层是对于新信息的好奇和探索，而不是将目光仅仅局限在通过考试上。

第三章

学生擅长学习的秘密

什么是真正的"会阅读"

补充阅读　"阅读能力"解析

每个汉字都包括形、音、义三方面的信息。阅读，是准确、流畅地连接和整合汉字形、音、义信息的能力，包括字词识别、形音转换、理解意义等过程。阅读是学生可以访问和检索关键信息、理解和评价文本段落，搭建和扩充知识体系的基础，是提升学习能力的关键保障（Spitsyna et al., 2006）。

行为表现

1. 阅读能力较强的学生

认字能力强。认得准、认得快，对形、音相似的字有很强的分辨力。比如可以更快分清"辩"和"辨"的不同。

理解能力强。可以理解文章的段落大意、主旨概念；也可以理解其他学科的教材内容和知识点。

提取关键信息能力强。可以对主要概念、主旨大意进行提取和总结，写作表达条理清晰。

学习效率高。可以在更短的时间内完成作业和考试。

知识体系丰富。语言素材充足，如词汇、句式储备更加丰富，口语表达和书面写作更好。

知识面广。能快速积累生活常识、科学探索、文学名著等方面知识。

思维灵活。阅读能力更强的学生擅长理解、传达和巩固思维。可以自主探索和解决问题。

2. 阅读能力不足的学生

识字和朗读能力差。难以分辨字形、字音相近的字；总是错字、漏字，反复学习也记不住。

写作能力差。写作速度慢、结构不规整；写错字，甚至会把部首、偏旁颠倒位置，持续出现"镜像书写"。

阅读速度慢、理解能力差。写作业、考试花费时间长，阅读题干和理解感到吃力。

尤其在英语学习中感到吃力。母语阅读能力较差，在阅读第二语言时也会遇到困难。

缺乏自信心和学习主动性。形成"不喜欢—不擅长—更不喜欢"的消极循环。

脑机制

阅读能力对应的脑网络如图3-1所示。

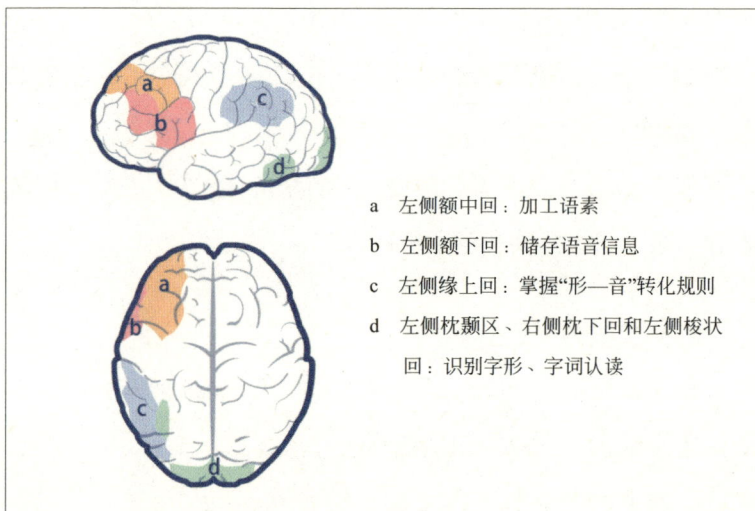

a 左侧额中回：加工语素

b 左侧额下回：储存语音信息

c 左侧缘上回：掌握"形—音"转化规则

d 左侧枕颞区、右侧枕下回和左侧梭状
回：识别字形、字词认读

图3-1 阅读能力对应脑网络示意

策略

人的大脑天生不会阅读，人们必须通过刻意练习才能学会阅读。阅读能力可以从字形识别、语素加工等方面开展训练。

1. 字形识别能力训练

字形识别训练核心在于建立学生的字形规则意识 —— 这是学生对汉字基本特征、部件和构成规律的感知和理解能力。字形规则意识可被细分几个子能力，即字形意识、单部件意识、部件位置意识、组合规律意识、形旁声旁意识。

基于大脑识字的认知加工规律，可以按照以下策略进行训练："先整体、后部分；先轮廓、后内含；先上部、后下部；先左部，后右部；先熟悉，后生疏"（谢锡金等，2017），帮助学生更快、更有效地识字和记字。比如，安排学生在儿歌、朗读、看图时，先辨认字体的整体形状，然后观察汉字的部件结构及其组织方法，再去理解笔画、部首的空间组织规则（Shu et al., 2003）。

此外，可以通过以下几种方法训练部件意识。

给学生呈现包含相同部件的汉字（比如含有"口"的汉字：古、台、杏、合），以及几个结构相似的汉字作为干扰（如：尖，全），让学生在这些汉字中快速搜索包含"口"这个目标部件的汉字。通过准确搜索、辨认正确的汉字，锻炼他们以部件为单位去拆解汉字的能力，提升对部件的敏感度。

给学生呈现由多个部件组成的字，比如"碧、树"，让学生快速判断整字中部件数量。训练其拆解汉字的能力，并且帮助学生将注意力分配到一个汉字的所有部件中。

除此之外，还可以给学生呈现包含相似部件的汉字（比如含有"日"的干扰汉字：早、旱、吊、吕），让学生在这些汉字中快速搜索包含"口"这个目标部件的汉字。进一步提升识别部件的精确性，能够帮助学生改善写错字、漏字或增添笔画等书写问题。

2. 语素加工能力训练

语素意识[①]是语文学习过程中的重要能力，不仅影响学生

---

① 语素意识是我们对最小音义结合单元的敏感性和操作能力，包括对构词规则的掌握和运用，对同音字、多义字的语义区辨，对形旁表义规则的理解和运用等。

的识字能力，还会以识字为起点，对学生与语文相关的如阅读和表达等能力产生广泛而深远的影响。

帮助学生发展"组块"加工能力，可以提高他们对字、词的理解能力。"组块"是指由具有共同规律的字、词所组成的模块。能够提供语义的形旁在汉字中非常多，可以通过有趣的形式将一些汉字组织起来，在能够吸引注意力的情境中对汉字规律进行训练和学习。比如，学生可以系统学习"海、河、湖、江、流"这五个汉字（基于短期记忆理论，人脑的短期记忆容量在5—9个组块，所以，学习汉字的数量也应控制在5—9个）。基于此，学生学习了"氵"这个偏旁，了解它的含义总是与"水"相关。这样，他们即使不认识"澎湃"这两个字，也能猜出相关的语义 —— 他们的语素加工能力就此得以循序提高。

案例　汉字学得慢、记不牢怎么办

1. 常见问题

"我家孩子在低年级刚学识字的时候没什么问题，但是上了高年级之后，学新汉字，特别是结构复杂的汉字，就算反复读过、写过，意思也讲了几遍，也是想不清楚、记不住。等到复习的时候，又经常弄混同音字、同形字，甚至完全想不起来这个字曾经学过。识字跟不上，阅读问题就更大了。"在识字这点上，学生经常出现"学又学得慢，记又记不牢"的问题。科学家通过一系列的研究，发现语素意识薄弱可能是问题的原因之一（吴建设等，2020）。

补充阅读　阅读能力的训练逻辑

语素意识可以帮助学生更好地对陌生字、词进行语素结构分析，灵活运用已掌握的语素知识（构词规则，同音字、多义字的理解，形旁规则），并结合语境信息合理地推测陌生字词的含义，直接促进整个文本意义的建构。

通过对复合词素、同音语素、同形语素和形旁意识的训练，系统全面地提升学生对词汇结构、同音字、多义字、形旁的准确理解和发散联想能力，促进阅读的准确性和流畅性。

2. 课堂实操

（1）实现语义范畴化，认识形旁

学习形旁知识，知识归类，建立特征与字义间的关系。

比如，针对"河""海""江"这三个字，学生首先理解：它们都是由"氵"构成的——这是形旁知识。

学生练习归类"河""海""江"的共同特征（比如，都由水汇集而成）。

（2）深化对语义范畴的理解

学生应深化、迁移对"氵"的理解，明确知道有哪样特征的事物，能被划到对应形旁所涵盖的范畴中。

比如，还有很多由"氵"构成的汉字，如"汇""浅""澡"等，他们都不直接指向由"水"构成的事物，但又都在描述跟"水"这个范畴有关的动作或者状态。通过类似练习，更准确地理解"语义范畴"的含义，从而认识形旁。

（3）操练形旁知识，加速语义理解

运用形旁知识串联同一语义范畴的字。

比如组织一个"犭"旁的接龙，学生们要接连说出带有"犭"旁的汉字（如"猫""狗""狼"）。在一个形旁熟练之后，可以通过组词的方式，不断切换需要接龙的形旁。

（4）结合身体动作，快速识别形旁

用练习书写汉字的田字格，让四位学生想象自己坐在田字格中的一个格子里。随后，通过呈现汉字，让学生对形旁的位置及含义进行快速地视觉搜索与识别。

比如，给学生先呈现"蛙"字3秒钟，这时候，坐在左边的两位学生应举手，表示自己知道，"蛙"字中提供含义的形旁是位于左边的"虫"；又过了3秒，呈现的汉字变成"浊"，依然需要左边的两位学生举手，表明提供这个字含义的形旁是"氵"，而右边的学生需要抑制住自己想要举手的冲动（"蛙"字的形旁是"虫"，但在"浊"字中"虫"就不是形旁，不能举手）。这样，学生通过不断变化汉字内容、形旁位置、呈现时间，让学生在快速反应中排除干扰，搜索、识别、判断形旁位置及含义，实现自动化加工。

（5）灵活运用形旁知识，推测陌生语义

遇到陌生字词，先猜语义。

比如，学生学会了"猫""狗""狼"这些词语。当学生看到陌生字如"狮""狐""狒"就很容易猜出它们的语义，因为反犬旁可以明确地提示这三个字讲的是动物。

（6）借助语境猜测语义

有时候，通过形旁难以直接推测语义，比如，反犬旁表示与动物有关，而像"狰""狞"这两个字与动物没那么高的关联，这时候需要借助语境来有效推测这类字词的语义。

比如，老师可以先把要猜的汉字，依据猜测难度进行分类，对猜测难度高的字，可以通过语境的设计，引导学生做字义的推断与猜测，通过上下文的通读，反过来调整猜测，逐渐接近字的含义。在这里，语境迁移、推理与验证就成为老师应该重点关注的动作与目标。

什么是有效沟通

补充阅读 "沟通能力"解析

"沟通能力"是指学生可以流畅、准确地表达与理解言语，积极发起并维持良好的社会性、交流性互动的能力，人们在沟通时，大脑间的神经信号其实在同步共振"协作"。沟通包括两个方面：一是理解别人的语言；二是组织自己的语言。两个过程互相促进，是社会互动和人际交流的基础。

行为表现

1.沟通能力强的学生

会"说话"。可以准确发声、清晰发音、言语连贯。

会"交谈"。可以准确地通过语言，向他人描述自己的情绪与需求，传递自己的想法与观点。

会"倾听"。可以理解他人表达的观点，感受对方传递的情感，提取并抓取关键信息，并基于此给予恰当的回应。

会发起并保持"良好的社会互动"。学生在与他人的交谈中，可以练习推测对方的思想、补充和完善自己的思想的能力。通过这样的方式，学生可以发展更成熟的"社会性大脑"和更多的亲社会行为，与父母、老师、同伴更容易发展成亲密、友好的社会关系。

2. 沟通能力弱的学生

阅读能力的发展受到影响。大脑的阅读网络建立在口语网络的基础上，较弱的表达力会阻碍阅读能力的顺利获得。

词汇网络发展受影响。口语词汇的准确性、复杂性、丰富性、流畅性较弱。

社会性发展受影响。无法准确表达自己的想法、观点与需求。父母、家长不知道他们需要什么，也不知道他们在想什么，无法提供相应的帮助。他们也难以发展出亲密、友好的同伴。

脑机制

沟通能力对应的脑网络如图3-2所示。

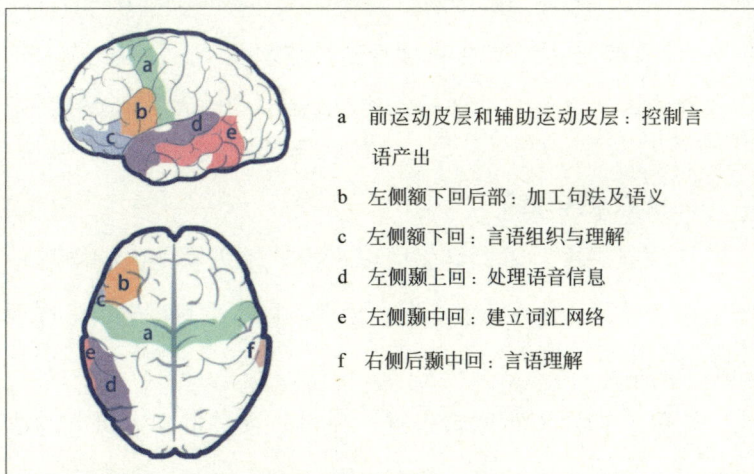

a　前运动皮层和辅助运动皮层：控制言语产出

b　左侧额下回后部：加工句法及语义

c　左侧额下回：言语组织与理解

d　左侧颞上回：处理语音信息

e　左侧颞中回：建立词汇网络

f　右侧后颞中回：言语理解

图3-2　沟通能力对应脑网络示意

策略

　　沟通能力可以从言语产出、词汇网络、言语组织、言语理解等侧面进行训练。例如，词汇网络训练和观点采择训练。

1. 词汇网络训练

　　学生大脑中储存了大量的口语词汇，这些词汇构成了他们的"大脑词典"。通过对词汇广度和词汇深度的训练，可提高学生的词汇联想能力及对词汇的理解深度。从而能在各种语言情景中高效搜索恰当词汇，准确描述需求、表达观点。

　　比如，通过让学生围绕一个主题概念（如游乐园）联想相关的词汇（各种游乐设施等），构建词汇网络。随后，当需要学生描述、表达与游乐体验、开心经历等相关的事件时，他们的大脑就可以从词典中先搜索到"游乐园"，并以此为主题点，联想到"过山车""大转盘"等词汇网络内的相关词。

2. 观点采择训练

　　"观点采择"是指学生可以设身处地理解他人的思想、愿望和情感，从他人角度出发，思考问题、理解情感、陈述观点的能力。

　　比如，通过设置嵌套思维、失言、移情推断等具体的故事场景，进行角色扮演、教育戏剧表演。学生在获得即时反馈和互动过程中，构建社会环境的认知模型，提高自己理解他人观点和情感的能力，发展社会知觉和社会认知，塑造社会性大脑。

案例 沟通能力弱，可能是因为这个原因

1. 常见问题

"我家孩子说话表达总是吞吞吐吐的，在平时上课老师提问时，他什么也说不上来，在家里就更是如此了，平时想和他沟通他也说不上话来，说话总是断断续续的，还经常用错词汇，我可着急了。""我家孩子也是，表达非常不顺畅，想说点什么总是卡壳，平时都不敢和老师、同学讲话，我很担心啊。"在平时的学习生活过程中，许多学生都有口语表达不顺畅、说话卡壳的现象，以至于平时不敢和同学、老师沟通交流，变得越来越内向，性格也开始孤僻起来。为什么会出现这样的现象呢？科学家研究发现，词汇积累的不足可能是沟通表达能力较弱的原因之一。

补充阅读 沟通能力的训练逻辑

良好的沟通能力离不开对口语词汇知识的掌握。老师可以从词汇广度和词汇深度两方面对学生的词汇网络进行训练。"广度"（breadth）是指学生掌握词汇量的多少，"深

度"（depth）是指的学生理解词汇的质量，包括词形、词意、联想、搭配、应用等诸多侧面。

2. 课堂实操

（1）依据学生的认知发展规律，在合适的时间学合适难度的词汇

学生要学习符合其认知发展规律的词汇。

比如，早期习得的字词都与特定身体区域有连接关系。所以可先学习与手部、口部、腿部等身体区域相关的动词，带有提手旁、口字旁、足字旁的汉字。

比如，对词汇的掌握顺序是"先具体，再抽象"。所以应先学习有具体意义的词语（比如"小草""青草"这类能直接与具体事物对应的词汇），再学习意义相对抽象的词语（比如"草图""草案"）。

（2）四阶段词汇训练法

阶段一：理解词汇的形态和含义 —— 提升学生对词形、词义的综合理解。

"多感官"词汇训练。学生运用自身感觉器官，感知词汇的词形和词义 —— 这一训练方法尤其适合于幼儿阶段（谢锡金等，2017）。比如，学生通过手部运动，明白何为"动词"，初步理解词汇的形态和含义，为进行沟通表达打下基础。

阶段二：掌握词汇构成规则——提升学生了解学习新词汇的能力，快速扩大学生掌握的词汇数量。

"易位构词"训练。学生将组成一个词或短句的汉字重新排列顺序，组成新词。如"牛奶"，通过重新排序词汇，形成新词"奶牛"。类似的词汇还包括：国王（王国）、雪白（白雪）等。学生通过主动参与词汇的组成与排序，体验并梳理词汇构成规则，为之后的新词快速学习和流利表达打下基础。

阶段三：搭配使用词汇——学生通过构建词汇的横组合关系（即具有修饰、搭配关系的词汇）（孙令达等，2004），练习词汇的正确组合方法，发展词汇深度。

"词汇搭配"训练。学生将可以搭配在一起的词汇拼起来。比如，学生对四个词汇："花儿""小鸟""飞翔""盛开"进行组合，形成正确的词汇搭配关系（这是以主谓短语为例，给出的简化版训练方法，对于其他结构的短语，如动宾结构、偏正结构的短语都应依学生理解词汇的发展规律给予科学指导）。学生在积极参与的同时梳理词汇搭配关系，构建"大脑词典"的横向网络，有效提升词汇使用的深度。

阶段四：构建词汇网络——学生通过构建词汇的纵聚合关系（即属于同一词性并且能够实现相同语法功能的词汇）（孙令达等，2004），培养词汇使用的灵活性与多样性，发展词汇广度。

"词汇类比"训练。学生先找到一组词汇间隐含的语义关系（如"高兴—喜悦"—— 他们是一组同义词），再针对给出的词汇（如"立刻"），补充与这个词汇有类似规则的对应词汇（正确答案可以是"马上""立即"）。语义关系可从同义关系拓展到反义关系、上位概念、下位概念等，学生通过有效掌握词汇的产出性知识（词形、词义和应用），掌握词汇中的语义层级关系知识，对同义关系、反义关系、上下文关系等有更深刻的了解，形成更加丰富有序的纵向词汇网络，进而提升口语表达的灵活性和丰富性。

什么是有深度的探索

补充阅读 "探究能力"解析

"探究能力"是指学生在一段时间内，通过观察、质疑、提问、调查研究、实践检验、讨论等途径，对事物现象追根究底、深入剖析，从而获得对事物的全面认识和理解，发现以前未曾觉察到的联系和角度的能力（赵兰兰和汪玲，2006）。

表现

探究行为与好奇心密切联系，5—6岁是学生好奇心发展最快、变化最大的时期。这个阶段，学生提问次数增加、更频繁地用手操弄各种事物以满足好奇；注意稳定性的发展使得探究持久性呈现增强趋势。进入小学，学生则逐渐由对事物表面属性好奇转向对事物深层属性好奇，开始有计划、有指导地开展探究活动。

1. 探究能力较强的学生

观察敏锐，注意细节。在习以为常的事物中，总能遇到或捕捉到出乎自己意料的新现象。

勤于思考，追根溯源。面对未知世界，有源源不断想要了解的事情和想探索的奥秘，并且不断追问，充满活力，从不畏惧。

积极调研，主动沟通。善于根据目标收集信息、与人交流，例如通过网络、书籍、科普电视节目等途径获取各种信息，同伙伴就一个问题展开讨论，或向老师、父母介绍自己的观点。

乐于实践。喜爱动手实践，通过观察和实验证实或证伪自己的猜想，并在实验过程中展示出一定的计划性，灵活运用策略解决问题。

善于反思。擅长思考探究过程中的收获与不足，对探究方法和结果有自己的评价，能从中悟出自己学习探索的规律，优化方法策略，并能调节自身心理状况。

2. 探究能力不足的学生

缺乏好奇和自主求知意识。对于学习和生活中的各种现象缺少兴趣，只能使用最常见的观点来描述对事物的看法。

很少提问。主要表现为缺少专注深入的思考，从老师、父母或同伴处获得一个答案后就停止探索，对事物的认识比较浅层，缺乏追根究底的勇气，不愿付出精力。

无法学以致用。对所学知识不能加以应用，只能机械性地记忆和应对考试，遇到实际生活中的问题情境，难以借助所学知识解决。

缺少计划性和反思总结。在探究过程中，不会根据目的选择有效策略，经常反复低效地试错，也不会根据结果总结经验，负面情绪难以调节，常常半途而废。

脑机制

探究能力对应的脑网络如图3-3所示。

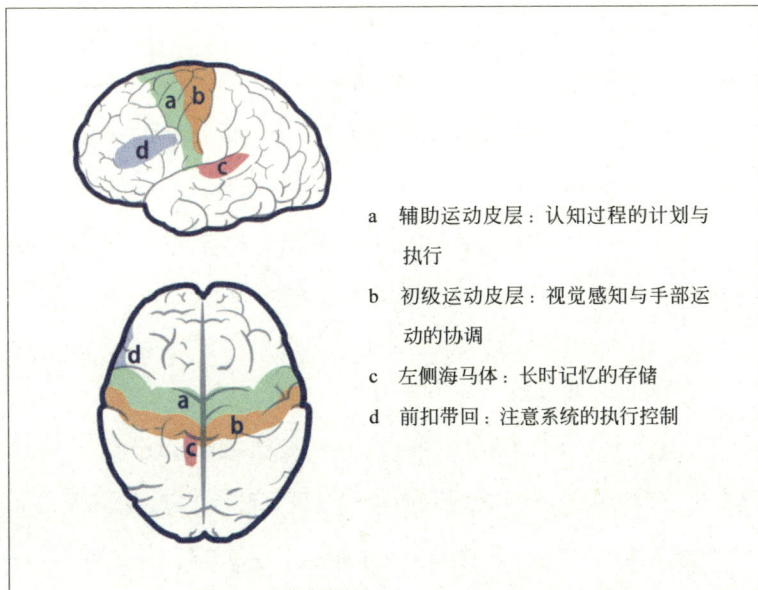

a 辅助运动皮层：认知过程的计划与
  执行

b 初级运动皮层：视觉感知与手部运
  动的协调

c 左侧海马体：长时记忆的存储

d 前扣带回：注意系统的执行控制

图3-3 探究能力对应脑网络示意

策略

探究能力可以从注意系统、认知调节、视动整合等侧面进行训练。

1. 注意系统训练

注意①系统的训练，可以促进学生在探究过程中将注意稳定地集中在当前问题上，更高效地甄别与当前问题更相关的信

---

① 注意是心理活动或意识对一定对象的指向与集中，它保证了人对事物更清晰的认识、更准确的反应和进行更可控有序的行为（彭聃龄，2004）。

息，排除干扰、抑制与目标无关的活动。

比如，训练学生在一些视觉或听觉相似的信息中快速搜索目标信息（Rueda et al., 2005）；课上帮助学生建立目标信息意义，如分组探讨关于目标信息的关键特征，增强目标信息区分度，引导学生将简单的视听信息搜索能力逐步迁移至更复杂的、和学习探究所需更相关的信息检索过程中。

2. 认知调节训练

认知调节训练包含对学生在解决问题时的设定、策略选择、过程监控、方法修正等多个环节的能力训练。通过训练，可以帮助学生在解决实际问题的过程中，根据目的和要求选择适宜策略，监控解决问题的认知进程，不断反馈和分析信息，对方法策略做评价、对成功经验或失败体验做总结，及时调节自己的认知过程，坚持或更换解决问题的方法和手段（李一茗和黎坚，2020）。

比如，可以为学生创设问题情境，从理解问题、拟定计划、执行计划与总结思路四个阶段分别展开训练，通过目的辨析、随时概括、自述理由等训练方式提升对问题解决的方向、进程和策略的监控能力；通过自我提问单、思维互访等训练方式，引导学生积极反思、总结经验。在解题或写作任务中要求学生给同伴解释构思并进行精细加工，同伴则提出问题以激励学生完善构思，通过训练将看不见的计划和构思过程外化，促进学生元认知监控与调节能力的发展。

3. 视动整合训练

视动整合能力[①]也是学生与周围世界互动的重要一环，学生整合视觉、触觉等多通道的感觉信息，对物体的特征进行多方面、多角度的认识与理解，随着整合信息的机会增多，学生认识事物就越精确，理解事物的含义就越深刻，自身的学习能力会逐步提高。

比如给低年龄阶段学生布置根据剪影拼七巧板的任务，给较高年龄阶段学生布置手工操作、画画、临摹、书写等任务，通过"视觉感知—动作执行—视觉反馈—动作调整"的过程促进学生整合各类与任务有关的环境信息，根据动作执行的结果反馈不断调整行为、适应新变化。

案例　学生注意力不集中，这样来解决

1. 常见问题

"我家孩子注意力特别不集中，小动作特别多，外面一有点风吹草动马上就被吸引过去了。""我家孩子也是，一到写作业就跟凳子上长钉子似的，一会儿起来喝水、吃东西，一

---

① 视动整合能力是个体在有目的的操作过程中视觉感知和手部运动间的协调和配合能力（张华等，2001）。

会儿拿着笔和橡皮就玩起来了。"以上这些问题可能出现在大多数学生身上，很多家长也为此操碎了心，到处寻找专家，报名各种注意力课程，可是情况并没有明显改善。有的家长甚至怀疑孩子得了注意缺陷多动障碍（attention deficit/hyperkinetic disorder，ADHD）。

补充阅读　探究能力的训练逻辑

实际上，影响学生注意表现的因素有很多，如课程的难度、教学的趣味性都可能影响学生上课的状态。即使注意力很好的成年人，在进行冗长、重复的会议中也难免注意力分散，出现"神游"的情况。没有人能时时刻刻对所有事情保持注意力集中，我们强调注意力，应该更关注自身有没有良好的控制能力，将精力集中在那些对当前目标更重要的事物上。对学生学习来说，就是学生有能力将思路集中在学习内容上，有目的地选择对学习和解题有帮助的材料。

我们针对注意的脑网络（注意警觉、注意定向、注意控制）进行训练。通过练习对学习相关材料的快速警觉、快速选择目标材料，抑制视知觉、声音等无关信息的干扰，培养学生能够将注意资源向待解决问题密切相关的事物倾斜，提升对注意资源的控制能力，这样才能从根源上解决学生注意力不集中的问题。

2. 课堂实操

约定"线索"：事先约定好在阅读或者听课中出现某个词、数字或者图案，学生在阅读或者听课的时候，遇到这个特定"线索"就做特定的书面标记或者动作等。熟练之后也可以设置多个线索词，并且用一些低频、少见的词来做约定词，逐渐增加难度。阅读或听课的过程中，对约定线索的追踪就是在培养持续警觉的能力。

限时快速搜索：学生在做数学题目或者看书时，用1分钟的时间，快速搜索出一页或几页题目中所有的特定数字或词汇等。对一类信息的快速搜索就是在练习对这类信息的快速定向能力。熟练之后可以通过增加需要搜索的页数，同时搜索多类信息等来逐渐增加难度。

如何能让学生举一反三

补充阅读 "抽象思维"解析

"抽象思维"是学生对所学的知识、所需解决的问题进行整体分析，提取一般的、主要的特征，发现其中隐藏的本质，结合已有知识的概念和规则，形成新概念、新规则的过程。抽象思维有助于学生对知识进行融会贯通、举一反三。

行为表现

抽象思维能力呈现阶梯型发展，涉及知识的心理再现、概念的抽象理解和规则的发现掌握等不同层次，也涵盖在具体的情景中解决抽象的问题。一般来说，低年龄段学生可以开始培养数字、图形和符号的意识，以适应小学的学习；小学高年龄段学生可以培养概念的抽象，在高中时才能自如地在概念间建立复杂的联系。

1. 抽象思维能力较强的学生

思维凝练。对各种分类、数量和位置的信息敏感，善于将生活中具体的事物转换成文字语言、图形和符号，并能在不同形式之间自由转化。

擅长拆解问题。能够将具体的问题提炼成抽象的命题，能快速找到应用题的关键信息，并转为数学语言。与此同时，能借助现实中的具体情景解决抽象的问题，比如面面垂直的概念，就可以很自然地借助教室里的墙和地面来理解。

善于运用概念。能够透过事实找到概念和概念间的内在联系，通过对一系列知识的总结和梳理，形成清晰的知识网络，进而可以举一反三。

擅长总结和发现规律。能从学到的知识中发现课本之外的原理和法则，并可以利用规律帮助解决现有的，甚至未来会遇到的问题。

2. 抽象思维能力不足的学生

无法理解概念。掌握不了各种语法和公式，非常抵触使用符号、图表和逻辑语句。

难以概括复杂的内容。遇到应用题和大段的阅读题，很难找到需要解决的问题，不能理解各个数字和符号在题目情境中的含义。

只会死记硬背。容易迷失于"题海"中，主要依靠"刷题"来学习，不会总结归纳，也发现不了题目之间的联系，老师讲题能听懂，但是自己做题就毫无头绪。

发现不了知识间的内在联系。新学习的知识和已有知识孤立、分裂，即使内容或逻辑相近，也很难发现共通之处。因而学习效率低，事倍功半，很容易丧失学习的主动性和积极性。

脑机制

抽象思维能力对应的脑网络如图3-4所示。

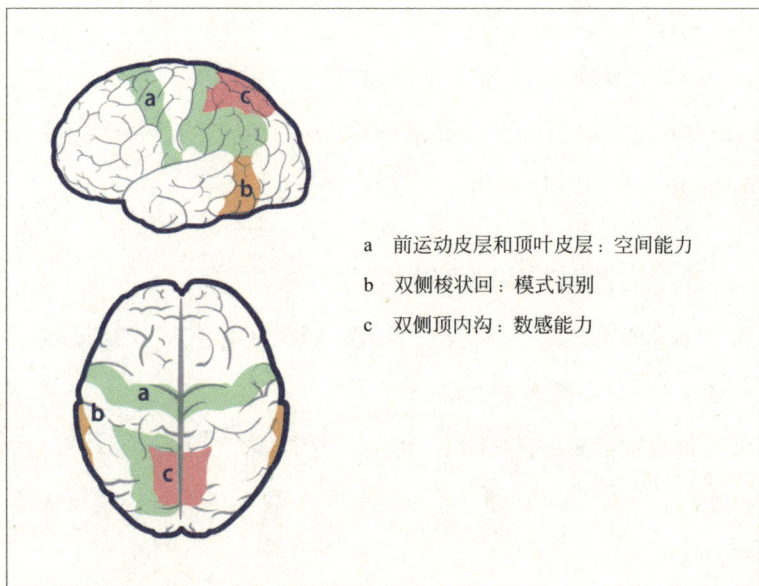

a　前运动皮层和顶叶皮层：空间能力

b　双侧梭状回：模式识别

c　双侧顶内沟：数感能力

图3-4　抽象思维能力对应脑网络示意

策略

抽象思维能力可以通过模式识别、数感能力、空间能力等方面进行训练。

1. 模式识别能力训练

模式识别[①]，可以促进学生脱离具体样例来理解抽象概

　　[①]模式是重复出现的、有规则性的一系列图案、数字、动作、声音或事件等，是从许多具体事物中抽象出的一般特征或关系。模式识别就是从多个具体事物中提取出有规律的特征。

念和一般关系，进而促进抽象的推理和解决抽象问题（Papic and Mulligan, 2005）。

例如，可以让学生进行多角度分类，比如对多个平面图形按照特定分类要求进行分类，进而让学生自己提出分类方式并完成分类；还可以让学生提取多个事物满足的共同特征或多个事物之间的关系，比如对一类物品的共同特征进行概述。

2. 数感能力训练

数感能力[①]训练，可以增强数学相关脑区的活跃程度，提升学生对数量的敏感程度和操作灵活性。

例如，可以让学生在日常学习和生活中快速估计看到的物体数量、长度、面积等方面，而不用数数、精确测量等方法来练习对数量的直观感知和估计能力。还可以让学生提出多种运算路径，来从一个数字运算到另一个数字，来训练学生对运算规则的灵活运用，并且可以通过增减运算步数的要求来增加训练的难度。

3. 空间能力训练

空间能力[②]训练，可以促进学生对平面或几何图形的空间关

---

①数感能力是学生对于数的感知能力，它涵盖了学生对数量的含义、表示方式、数量大小、数量运算与估计等方面的感知和理解。

②空间能力是对平面或立体事物的空间特征和空间关系的感知和理解。

系感知和理解，能够在脑中重构出图形的空间关系，并且在脑中对事物进行拆分、组合、旋转、折叠、展开等空间操作，促进理解和运用复杂抽象的几何图形，进而解决几何问题。

比如，可以让学生用纸随意折叠，以尽可能少的步数折成目标形状。一开始，纸可以选择正三角形、正方形等规则图形，之后升级到不规则的图形。目标形状可以从平面到立体图形或者投影。随着水平的提升，逐渐不允许动手折叠、促进学生在大脑中建立各种图形以及图形多种变化的形象。学生在学习几何时，就能够快速发现图形的特点，而不需要死记硬背辅助线的做法。

案例　怎么培养学生对数学的敏感度

1. 常见问题

在日常生活中，我们发现，有的学生对数字和相关概念不敏感，比如填出15米长的铅笔、50克的体重等令人啼笑皆非的答案。在学生刚开始学数字的时候，有一个现象是，将同样数量的物品摆放样式改变后，有的学生会认为数量也改变了。比如拿出7个梨排成一排，然后再排成一圈，有的学生会说梨变少了。还有在学生学加减时，刚刚学过两个加三个是五个，反过来问三个加两个是几个，就摇摇头，或者需要掰着手指重新数一遍，这些其实都是缺乏数感能力的表现。

补充阅读 抽象思维能力的训练逻辑

心理学和认知神经科学的大量研究证明了基本的数量感知和数学表现密不可分的关系，且强调了顶叶参与的重要作用（Dehaene et al., 2003; Starr et al., 2013）。认知数量加工过程中的顶叶环路包括顶部区域的双侧顶内沟水平段，该区域特异于数量加工和数量操作，作为核心数量系统，以一种类似于数轴的内部心理数轴进行表征（Dehaene et al., 2003）。对8—10岁数学正常及数学障碍学生，进行为期5周的心理数轴游戏化训练，以训练数字和空间表征的关系，对序数的理解和算术技能为目标，结果显示无论是正常学生还是数学障碍学生，训练后的算术成绩都有显著的提升。这些学生在接受训练后，被发现大脑中处理数字的相关区域激活程度有减少，可以解释为数学推理所必需的认知过程在经过训练后形成了自动化加工，减少了所需要付出的认知负荷（Kucian et al., 2011）。

此外，"近似算术"也是数感的重要成分之一，是指对数量增加或者减少的快速直观估计，不需要进行精确的数数和运算。帕克等的研究以近似算术作为训练任务，采用训练组和控制组前后测对照的方法，比较了多种训练方式下的训练迁移效果，证明近似算术组是唯一使符号算术成绩显著提高的训练条件（Park and Brannon, 2014）。同样有专门针对学生的研究也给出了相似的结果，证明近似算术训练提高算术成绩的有效性，并指出与数字相关的大脑网络对该项任务敏感（Gouet et al., 2018；Hyde et al., 2014；Halberda et al., 2008；Butterworth et al., 2011）。

2. 课堂实操

心理数轴：心理数轴的训练也可以有多种形式。最容易实操的一种，就是画出一条线段，标定起始值和最大值，比如0和50，然后随便说一个0—50的数字，例如7，请学生在线段上标出他认为的这个数字应该在的位置。标记完之后，再用尺子量一下7实际应该在的位置，让学生看到自己的标注和实际位置的区别，来加深对数的感知。在学生标注数字的时候，可以从一些简单的开始，比如数轴长度的一半是25，五分之一是10，这些比例关系相对好判断的数字，然后慢慢过渡到不太好判断的数字，比如36、18等。数轴的长度和数字范围也可以相应变化，比如同样是0—50，线段越长，估计位置的难度越大；或者，同样估计36，0—100的数轴比0—50的难度更大。

心理数轴进阶：在心理数轴训练的基础上，可以引入加减等运算方式，来提升训练的难度。给出两条不同的数轴，在两条数轴上的两个不同位置选定一个点，然后要求学生用这两个点所代表的数字，来进行加减的计算，并将计算结果标记在数轴上。比如说画两个0—50的数轴，然后分别标记出18和30

所在的位置，要求学生计算加和的结果和做差的结果，并在数轴上标出，最后结合实际的结果和位置进行正确或者错误的反馈。这个方式后续也可以通过调整两个数轴上数的位置，或者分别调整数轴的范围来增加难度。比如说一开始给出的两个数轴范围是不同的，最终要求学生做结果标记的数轴范围也和这两个不同，也就是说虽然物理上线段的长度是相近的，但是实际代表的数字范围却不同，学生还需要涉及在不同的心理数轴位置进行切换。

近似算术：抓两小捧豆子，数量不要太多，各8颗和30颗左右，摊开放在桌子上，随后要求学生估计这两捧豆子加在一起的数量，和再另抓一捧的数量相比，哪个多、哪个少。或者用两捧豆子的差值，和另一捧豆子相比，哪边多、哪边少。这里要求学生尽可能快地凭感觉去回答，不能一颗一颗地数数。回答完之后，再数数来确定答案的对错，让学生对刚才估算过程中对数的感觉和实际的结果建立关联。这个小游戏可以加、减法交替进行，数量上也可以不断变化——数量越接近，难度越大。另外，材料除了豆子，也可以是生活中数量多的物品，比如笔、牙签，甚至一本书不同厚度的页数等。随着学生在学习了更复杂的乘法和除法的知识，也可以将乘除法引入到这个小活动中。

什么是独立解决问题的思维

补充阅读　"思辨思维"解析

"思辨思维"是学生通过分析、推理、判断等思维活动，针对解决问题的特征、联系、规则和理念进行多层次、多角度、有逻辑性的思考，在辨别和论证的基础上做出决策，并给予有说服力结论的过程。

行为表现

受限于大脑的发育，思辨思维能力的发展具有明显的阶段性。一般来说，学前的儿童只能通过一个角度理解事物，四年级以前的学生难以自发运用逻辑推理来解决问题。

1. 思辨思维能力较强的学生

善于运用分析和推理。善于抽丝剥茧，从繁杂的信息中找到内在的逻辑和联系，发现有价值的内容。

能够针对不同类型的问题选择恰当的解决方法。能够快速、准确地做出判断，在明确目标和意图的基础上，灵活调整，选择恰当的方法和策略。

逻辑严谨，准确决策。解决问题时层次分明、脉络清楚，能够根据前提有逻辑地思考，做出合理决策。

能够发现复杂事物的多个侧面。善于从多角度组织材料，做解释，写文章时观点客观、有理有据、可读性强，不需要刻意去背论点、背论据。

具有批判精神，能够合理质疑。不迷信权威，对被多数人认为确定无疑的事情也能合理质疑，善于分辨什么是观点、什么是事实。

2. 思辨思维能力不足的学生

难以理解各类定理。无法运用数学和其他科学的知识，进行进一步的推论和证明。

逻辑混乱。回答问题、写作文时经常前言不搭后语，难以正确地使用关联词，甚至经常出现前后矛盾的情况。

遇到困难时难以做出合理决定。经常凭感觉、凭好恶做决定，没有明确的目标，很容易朝令夕改、反复无常。

学习缺少系统性。要么凭感觉，撞大运；要么只会盲目"套公式""套模版"，机械地将背下来的知识复述出来，机械地完成各项任务。难以对问题进行深入的思考，分析理解题目底层的逻辑。

过于相信权威，人云亦云。认为父母、老师、好学生的观点就是对的，不容置疑。不考虑场合和背景，所有的思路都局限在特定的框架之内，在遇到各种问题和争论时，也以这些条条框框为依据，难以持续地学习和思考。

脑机制

思辨思维能力对应的脑网络如图3-5所示。

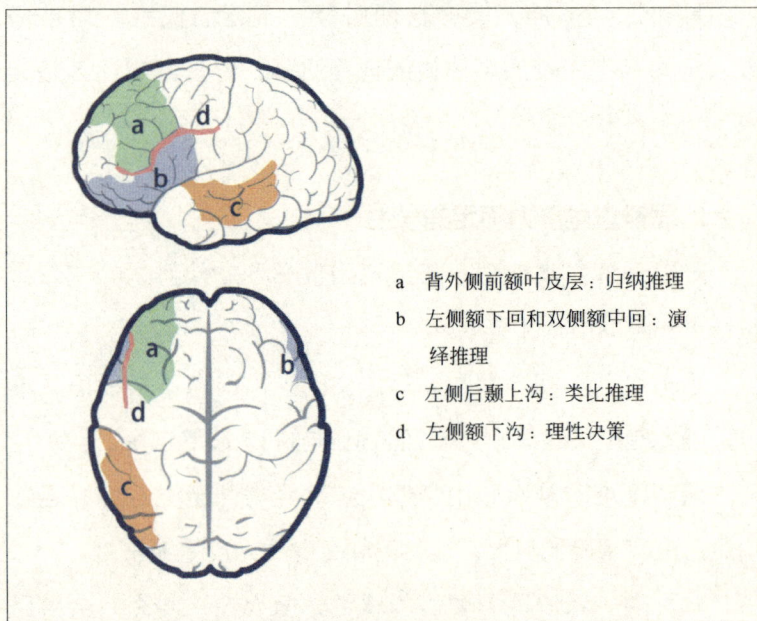

a　背外侧前额叶皮层：归纳推理

b　左侧额下回和双侧额中回：演绎推理

c　左侧后颞上沟：类比推理

d　左侧额下沟：理性决策

图3-5　思辨思维能力对应脑网络示意

策略

思辨思维能力可以通过归纳推理、演绎推理、类比推理、理性决策等侧面进行训练。

1. 归纳推理能力训练

在学习中，从事例、例题中归纳概括出解决问题的原则、原理非常重要。归纳推理[①]能力训练，可以提高学生对潜在规律的敏感性，并意识到归纳的风险。

比如，对低年级学生可以呈现两三个类别的多个事物，要求学生对每个类别下定义。继续呈现事物，在事物的特点和定义相悖的时候，要求学生指出错误，并进行修改。对高年级学生可以使用更丰富、更抽象的概念。

2. 演绎推理能力训练

演绎推理[②]在学习过程中十分常见。但多数学生很难分辨出符合逻辑的推理和不合逻辑的谬误，不自觉地把谬误当作结论。通过条件推理的渐进式训练，可以让学生更容易发现问题或观点的关键词和逻辑结构，意识到不完善或者有错误的部分，快速辨识出谬误，进而提升演绎推理的能力。

比如，给学生两三条知识和信息，判断可以得到什么结论。在结论的基础上，继续提供一两条信息，判断能否得到新的结论。可以选择学习过的知识，最开始的信息应该与知识密切相关，在现实中能找到对应的事物，随着学生判断水平的提

---

① 归纳推理是从特定的事件、事实向一般的事件或事实推论的过程，是将知识或经验概括简约化的过程（李红等，2004；Heit，2000）。
② 演绎推理是从一般性的前提出发，通过推导得出具体陈述或个别结论的过程（Johnson-Laird，1999；杨群等，2009）。

升，给他们提供的信息可以变得逐渐抽象。在这个过程中，学生可以意识到知识的逻辑结构，避免推理的谬误。

3. 类比推理能力训练

类比推理[①]是学习和科学研究中常用的方法之一。然而，学生难以掌握事物之间抽象的逻辑关系并做出合理推论。类比推理的训练有助于学生学习新知识、引经据典解释现象、论证相似问题、提出科学猜想等。

比如，给学生两个对象在某些属性和特点上的相同或相似之处，让学生对两个对象在其他属性上的相同或相似之处做出合理推论，或让学生通过判断几个给定事物间的关系选出具有相同逻辑关系的事物组合。在训练中能够强化学生对事物之间相同和不同的认识，并在比较的基础上得出可靠的新结论。

4. 理性决策能力训练

在学习过程中，学生会不断习得和掌握多种做决定的方式方法，根据问题的条件和目标选择解决方法尤为重要。理性决策[②]能力，可以帮助学生在多种选择、复杂条件下，根据已

---

① 类比推理是根据两个对象在某些属性上的相同或相似，比较推导出其他属性上的相同或相似（Gentner, 1983；2010）。

② 理性决策是根据不同的情境准确预测不同的决策结果，并灵活、理性地选择最优解决方案（陈单枝和朱莉琪，2005）。

知信息的丰富性、完整性，以及想要达成的结果，做出更高效的判断和决定。

比如，在重点题的训练中，要求学生判断所用公式或画辅助线方法，在做出选择之后，调整问题的一两个条件，让他以最快速度做出新的选择，锻炼他在信息不完整的情况下快速做出选择。

案例　学生不会归纳总结怎么办

1. 常见问题

有些学生明明上课听得挺仔细，例题都能做得很好，可是同一个知识点一旦换种问法，就做不出来了，如果老师告知解题思路，他们又会恍然大悟。我们会说这类学生够努力，但没什么天赋，却也说不出症结到底在哪里，要怎么样才能切实地帮助他们提高成绩。

其实，这类问题存在一个共性，就是学生往往只能掌握比较浅层的逻辑和思路，但是缺少对核心概念的归纳总结，以及对浅层逻辑背后关系的深入挖掘。因此，只要描述变化了，他们就毫无头绪，一旦看到正确的思路，又能够快速建立核心概念与他们所掌握的浅层逻辑之间的联系。也就是说，这些学生缺少对问题和事物的本质进行归纳推理的能力。

归纳推理能力与各科学业成绩密切相关，因为它对于学生获得新知识、进行知识的迁移和知识体系的建立等过程至关重要。在学习过程中，学生需要在某个知识点上，找到现有的题目和学过的核心知识点之间的相同点和不同点，归纳出现有问题和已有知识的共通性，然后再从找到的共通性出发，通过一定的逻辑推导，寻找到解决问题的具体办法。

补充阅读　思辨思维能力的训练逻辑

脑成像研究表明，归纳推理过程激活了一系列脑区，作为两个主要的认知阶段，规则发现和规则应用也分别激活了特定的脑区。此外，编码信息和规则的复杂程度也会对归纳推理的脑机制产生影响。因此，归纳推理训练的核心就是对大脑负责规则发现和应用的区域，尽可能多地强化，随着相应功能连接的建立，帮助学生在处理类似的归纳推理任务时，有更快的反应速度和更优秀的判断与总结能力，能够更快速准确地从具体事物中发现可能存在的普遍特点或规律。

在归纳推理的培养方案中，我们将重点放在规则发现和规则应用两个阶段，并根据学生早期的能力发展特点，在规则发现阶段之前插入信息编码的训练。在信息编码阶段，我们通过让学生从不同维度对物体进行分类来训练学生有目的、多角度观察并依据某特征对物体进行分类；在规则识别阶段，我们通过让学生从不同维度提取样例之间的共性、提出可能的规律，以训练学生快速、准确地从各个维度进行观

察并尽可能多地发现事物之间可能存在的规律；在规则应用

阶段，我们让学生根据自己发现的规律推广序列以验证规则
的正确性或发现谬误的推论，从而训练学生应用规律扩充集
合并通过证实或证伪的方式验证猜测规则的正确性。

2. 课堂实操

信息编码：从观察到分类。老师可以尽量创设让学生
自主观察事物的特征并按照不同的规则进行分类的场景。例
如，对于低年龄段学生，老师可以通过提问的方法让其对课堂
上学过的水果、图形、生活中常见物品进行分类，并引导学生
说出分类依据，总结分类方法（例如从颜色、形状、大小等角
度分类）。随着年龄增加，老师可以利用更为抽象和复杂的概
念或规则锻炼学生的分类能力，以复习学过的知识或引出新的
学习内容。比如在学习完整数的各种概念之后，可以随意写一
组数列，让学生自由分成两类或者三类，可能会有学生用奇
数、偶数，素数、合数这样的分类标准，也会有学生用余数或
者其他概念来区分。这个过程中，老师可以鼓励学生多列举一
些分类标准，表扬那些与众不同又言之有理的学生。

规则发现：探索尽可能多的规则。规则发现就是要抽丝
剥茧，从已有的信息中，提取出事物之间本质的联系，发现尽
可能多的规则、不断提出新的可能性。例如，老师在教授数字
规则问题时，可以不呈现完整题目，而是先公布序列中的前两

个数字，并鼓励学生尽可能多地去猜这个数字序列可能是什么规则，只要规律符合目前展示的数字、言之有理即可，每轮猜想后老师可再公布一个数字，直到学生最终确定唯一的规则。对于低年龄段的学生可以采用相同的方法，利用更直观的图形序列来训练学生探索规则的过程。

规则应用：应用规则，合理推论。在规则应用阶段需要学生根据已经探索出的规则进一步推论，应用该规则构造新的事例，并通过新事例的正误验证猜测规则的合理性。在学习一些新概念或新问题的时候，老师可以鼓励学生先自己总结一个概念、定理或解题策略，然后让学生通过在更多示例或问题中对自己总结的规则进行证实或证伪，从而不断调整直至最终得出正确结论。例如，在介绍菱形的判断标准时，老师可以先引导学生观察并提出可能的规则，例如"两条边平行的四边形是菱形"，进而提供更多的样例（例如平行四边形而非菱形）以验证学生提出的规则，并不断修正自己的规则，直到得出"一组邻边相等的平行四边形是菱形"的正确结论。

如何打破定势思维

补充阅读　"创造思维"解析

"打破定势思维"是指学生用新颖的方式理解问题、解决问题的过程，也叫"创造思维"。这些新颖想法来源于对信息的发散、联想、迁移、重组等心理活动。

1. 创造思维能力强的学生

思考顺畅。思维活跃度更高，能够在更短的时间内产生更多的观点与看法。

思路灵活。对知识的理解深入，能够从不同的角度思考问题，更好地将知识进行整合与迁移。

想法独特。对问题有与众不同的认识，能够提出新颖而且有效的解决方案。

乐于解决复杂问题。在解决问题时努力求异寻新，不甘心于抄袭与模仿，同时也不满足于数量上的发散，追求答案的新颖独特与使用价值，表现出强烈的创造意识。

2. 创造思维能力弱的学生

思维具有局限性。只能以单一的方式对已掌握的知识进行组织加工，容易陷入小框架，难以和其他知识产生联系，无法形成有创造性的观点。

古板僵化。学生过分依赖老师及他人提供的已有信息，缺乏个人对事物的新颖思考，很少有独到的观点。

无法适应快速变化的世界。学生提出的观点不具备意义与价值，想法缺少变通，解决不了未来可能出现的问题。

只愿意完成重复性工作，抵触未接触过、有挑战的问题，对事情没有幻想，不愿意投入精力发挥想象。

脑机制

创造思维能力对应的脑网络如图3-6所示。

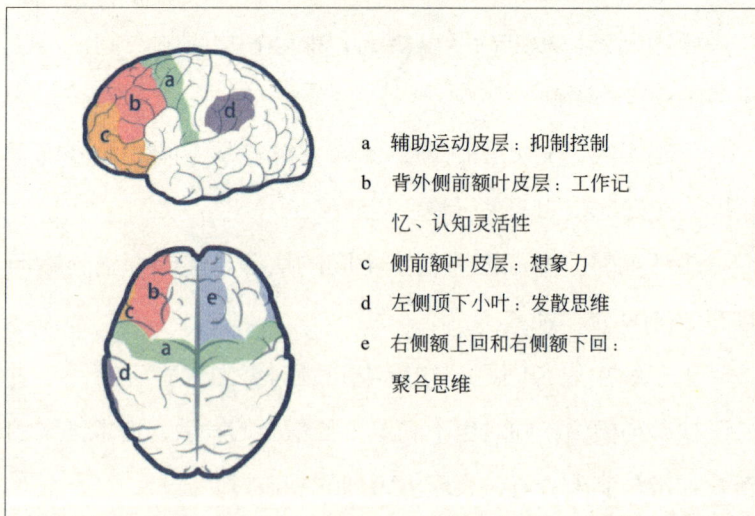

a 辅助运动皮层：抑制控制

b 背外侧前额叶皮层：工作记忆、认知灵活性

c 侧前额叶皮层：想象力

d 左侧顶下小叶：发散思维

e 右侧额上回和右侧额下回：聚合思维

图3-6 创造思维能力对应脑网络示意

策略

创造思维能力可以从认知控制能力、想象力、发散思维和聚合思维等侧面进行训练。例如：

1. 认知控制能力训练

学生遇到新问题时，很难跳脱原有的思考和解决思路。认知控制能力[①]训练，可以帮助学生更容易从一种思路切换到另一种思路，也可以帮助学生抵抗无关信息的干扰，将认知资源聚焦在最重要、最关键的部分。

比如，给学生呈现一系列不规则的图形，让学生切割成一系列学过的图形。在切割前可以设定不同的规则，"包含更多的三角形""包含更多的梯形"等。在连续进行的训练中，会在几种规则之间来回切换，提升对图形认知的灵活性。在教学中，还可以通过多设置一些反向提问，提升思维灵活性，如连续问"是什么"的中间穿插一两个"不是什么"。

2. 发散思维能力训练

发散思维能力[②]训练，能够帮助学生扩展思维的广度，获

---

①认知控制能力是学生对思想和行动进行有意识控制的心理过程，是创造思维发生的先决条件。

②发散思维能力是学生在处理问题过程中，从多个角度思考，产生多种解决方案的能力。

得更多的新思想（何李等，2020）。

比如，给学生一个已学习的概念或词句，要求继续说出有关联的概念和词句，并讲述之间的联系。这种概念训练接龙可以在多个学生中展开，根据水平可以设置回避规则，减少"同样学科、同样作者"这样显而易见的联系，引导学生进行更深层、更"远距离"的发散。

案例　培养发散思维，这样事半功倍

"发散思维"又称"辐射思维""放射思维""扩散思维"或"求异思维"。它表现为思维视野广阔，呈现出多维发散状，能够从一个点扩展开来，联系到更多的思维结果。同时，发散思维还是创造性思维最重要的一个侧面，是评价创造力的主要标志。

1. 常见问题

在实际教学活动中，很多老师反映：如果没有引导和提示，学生只会按部就班地解题，面对需要想象力、创造力的问题无从下手。比如，在语文学习中，学生在写比喻句、拟人句、想象力作文时语言干瘪、内容单调。所以，即使学生背了很多好词好句，但在考场上却一个好词好句都想不起来。

其实，这并不是"大脑里没有素材"的问题，而是"如何把大脑里的素材流畅地提取出来"的问题。此时，发散思维能力就显得极为重要了。

补充阅读　创造思维能力的训练逻辑

发散思维本身并不是被凭空创造出来的，而是从已有知识和经验中大量提取出信息，并且快速组合出远距离的连接，形成发散思维的过程。所以，训练的核心在于两点：一是最流畅地回忆起已有知识和经验；二是在远距离概念间建立起最独特的连接（Wu et al.，2015）。

2. 课堂实操

（1）分组练习

学生以某种关系给一系列事物做分组，分组的"关系"越少见、越偏离主流概念的范畴越好。比如，学生对"飞机、鲸鱼、小船、麻雀、裁纸刀"这几个词进行分组，常见的话可以分为"动物类"和"物品类"，或者"自然类"和"人造类"，还可以是"对人有危险的"和"对人没危险的"。但是，为取得更好训练效果，学生应去思考更加独特的分类方式，比如，"体积比人大的"和"体积比人小的"，"可以吃的"和"不可以吃的"，"可以载人的"和"不可以载人的"，通过练习在事物间建立更多重的、远距离的联系，训练发散思维的变通性。

（2）用途产出

学生说出常规物品的非常规用途。比如，一块砖头，它的常规用途是盖房子，搭野炊的炉灶，用多块砖头垫起来帮助我们去取高处的物品，甚至是防身等，这些都算是比较常规的用途。但是，为取得更好的训练效果，学生应说出砖头的非常规用途，比如"可以把几块砖头用链子连接起来，做成平板，然后把链子的两头挂到树上，就成了一个简易的秋千"，或者"将砖头敲下来的小块进行手工雕刻，串起来做手链"等，说得越多越好，越难想到越好，通过类似练习，提升思维过程中的流畅性和独特性（沈汪兵等，2012）。

3. 寻找联系线索

学生在学习素材中，找到一个事物与另一个事物之间的联系线索。比如："只有贝壳有珍珠；珍珠白得像月亮；月亮弯得像香蕉；香蕉黄得像柠檬；柠檬酸得像橘子；橘子圆得像太阳。"在这首歌谣里，珍珠和月亮，它们都是"白"色的，两者的联系线索是"颜色"；月亮和香蕉，它们都是"弯"的，两者的联系线索是"形状"。按照这种方法，学生在找到联系线索后，进一步将线索内化为自己的思维策略，搭建思维中的线索指示牌。这样，学生在韵律感十足的歌谣中，不仅练习了发散技巧，编出了内容丰富的故事，再仔细琢磨一下，甚至连比喻句、拟人句的描写，都可以在这个训练中学会了。

能力体系搭建让学习更有效

以六种学习能力为基础，我们从脑与认知科学的角度，确定了语素意识、词汇网络、注意系统等一系列可以通过训练提升的脑能力，包括语素意识、词汇网络、注意系统等。从脑发育和认知发展规律来看，培养各项脑能力的敏感期各不相同。在不同发展阶段，学生学习不同知识时，应该着重培养那些处于敏感期的能力，并结合教学内容，给予最适合的训练。

语言学习

8岁是阅读能力发展的重要节点。在8岁前，儿童需要通过刻意学习，才能掌握阅读能力；在8岁后，则需要利用发展好的阅读能力去学习。

结合儿童大脑发展规律及《义务教育语文课程标准（2011版）》，在学习能力体系的基础上，好未来脑科学实验室构建语言能力培养体系，对语言认知能力和高级认知能力进行拆解。语言认知能力，支持语文阅读、语言表达中形、音、义的认识和理解；高级认知能力，涵盖与学习密切相关的记忆、视动、执行控制功能。通过拆解，让学生不仅能"学会语言"，还能"会学语言"。

"语言认知能力"是指儿童感知及处理汉字的形、音、义信息，在三者之间建立连接的能力。语言学习中的听、说、读、写，在本质上就是在形、音、义间建立连接。具体来说，最初的语言发展，其实是通过建立"音、义连接"，学会"听"与"说"，积累大量的口语词汇（董琼等，2014）。进入小学后，学生通过把字形信息与音、义连接对应起来，学会识字，掌握"读"与"写"（Yeung et al., 2011）。因此，在语言学习的关键时期，不同年龄段的学习应该对形、音、义有不同侧重，选择更能激发语言潜能的学习内容，才能帮助学生掌握语言规则，达成"学会语言"的目标。

补充阅读　语言能力培养体系解析

语言认知能力主要包括以下三个方面。

（1）字形规则意识

"字形规则意识"是指对汉字基本特征、组成部件和构字规则的感知和理解（Chen，2019）。

该能力可帮助学生正确识别部件、判断部件位置、理解部件组合规律。

它可以通过搜索与辨识部件、组合部件、快速定位形旁与声旁等方法展开训练。

（2）语音意识

"语音意识"是指对汉语口语中的声调、音节、声韵母等语音单位进行辨别、操作和灵活运用的能力。

该能力可帮助学生感知语言韵律、学习拼音（McBride-Chang et al.，2006）。

它可以通过辨别、拆分、删除、替换各水平语音单位等方法展开训练。

（3）语素意识

"语素意识"是指对语言中语义知识和语义规则的理解和操作，分为形旁、字、词三个水平（Liu et al.，2013；李虹等，2009）。

该能力可帮助学生掌握形旁表义功能、理解一字多义与一音多字、灵活运用组词规则。

它可以通过拆分词汇、类比产出词汇、同音字分类、同义字归类、形旁含义匹配等方法展开训练。

高级认知能力是高效学习的保证，可帮助学生发展出更高效的学习策略，体现出能力迁移性，从而促进多学科的自主学习和全面发展。

高级认知能力主要包括以下三个方面。

（1）视动能力

"视动能力"是指对视觉信息进行精确加工，并利用输入的视觉信息有目的地协调手部精细动作的能力（张华等，2001）。

该能力可帮助学生准确地区分相似的汉字或图形，记忆空间位置关系，正确、流畅、美观地仿写或仿画。

它可以通过视觉辨识、空间位置判断与组合、手眼协调等方法展开训练。

（2）记忆编码能力

"记忆编码能力"是指对输入信息的意义、需提取的线索进行编码和存储的能力（Lauralee，2012）。

该能力可帮助学生将新输入的信息与已存储的知识联系起来，并有组织、有效率地存储、提取更多线索信息。

它可以通过主题词提取、类比联想、范畴归类等方法展开训练。

（3）执行功能

"执行功能"是指对注意、思考和行动进行有意识控制的能力（Diamond，2012）。

该能力可帮助学生在处理复杂信息时，合理分配认知资源，抑制无关信息干扰和自动化反应倾向，根据内外环境灵活调节想法与行为。

它可以通过目标信息搜索、抑制控制、规则切换等方法展开训练。

思维学习

我们整理了学生数学思维发展规律及阶段目标，针对不同年龄段选择对当前学科学习最重要的能力进行培养。随着年龄的增加，学生的数学学习方式逐渐从依赖具体实物和样例，转变到运用一般符号和抽象概念。根据学生思维发展阶段理论，小学低年级的学生处于具体运算阶段的初期，这个阶段学生的抽象思维和思辨思维的培养尤为重要。

补充阅读　儿童思维发展阶段理论

第一，感知运动阶段（0—2岁），儿童主要通过手的抓取、嘴的吸吮来探索周围世界。第二，前运算阶段（2—7岁），儿童逐步掌握符号、表象的概念。第三，具体运算阶段（7—12岁），儿童逐步掌握长度、体积、重量和面积等数量的守恒，思维可逆。第四，形式运算阶段（12岁之后），儿童摆脱对具体物体的依赖，能够进行抽象的逻辑推理。

提升抽象思维能力能够帮助学生在解决数学问题时，从杂乱的具体信息中提炼出抽象的命题，更容易发现破题点；也可以帮助学生自发地从例题中提炼出一般解题方法。提升思辨思维能力有助于学生排除题目中的干扰信息，选择出最优解题方法；还能使学生更有效地发现具体事物的共同特征和不同特征，归纳事物与事物之间的关系和规律（何茜和吴俊，

2019）。

再进一步，我们把抽象思维、思辨思维与数学学习中的知识模块结合，从数感、空间、推理三方面设计能力训练，应用在数学课堂和课后练习，帮助数学学习，同时提升能力训练的长期效果。从脑科学和认知加工的角度，在高级认知能力之外，我们进一步将数感、空间、推理拆分为多个子维度，能够独立训练和评估，从而能够更加灵活地应用于不同教学场景和满足个性化提升能力的需求。

此外，将能力训练融入教学和练习，通过训练过程数据以及阶段性评估的数据，能够帮助老师了解学生的学习能力，有针对性地设计课堂内容和课后练习；通过跟踪能力发展变化，发现学生由哪些能力不足导致学习出现瓶颈，帮助学生突破数学能力上的障碍。

补充阅读 思维能力培养体系解析

数感分为数量加工和数字符号加工。

（1）数量加工

"数量加工"是指完全不依赖语言或数字符号，把数表征为数量进行操作，可以完成数的模糊性比较和运算。

它能通过对与数量相关的图形、线段等进行估计、切割、拼组等操作进行训练（Schneider et al.，2009）。

（2）数字符号加工

"数字符号加工"是指依赖语言，运用数字、符号等抽象信息，处理数量关系和运算等操作，一般用于处理精确的数学问题。

它能通过对多个数字和符号进行灵活组合、建立多条运算路径等方式进行训练（Lehtinen et al.，2015）。

空间分为整体加工和局部加工。

（1）整体加工

"整体加工"是指优先对视空间信息进行整体处理，先加工事物的全貌或总体特征，通过整体角度认识图形，善于处理更大尺度的几何问题（方位、关系等）（Buckley et al.，2018）。

它能通过对平面或立体图形的视觉、听觉、触觉等信息进行整合、重构、空间旋转等操作来训练。

（2）局部加工

"局部加工"是指优先对视空间信息进行局部处理，先加工事物的特殊之处或局部特征，通过细节认识图形，善于运用分析的方式处理几何问题。

它能通过给定平面或立体图形的拆分、组合、折叠、展开等操作进行训练。

推理分为归纳推理和演绎推理。

（1）归纳推理

"归纳推理"是指从已有的具体事实出发，凭借经验和直觉，通过归纳和类比等推断某些结果（李红等，2004）。

它能通过对数字序列进行拆解、扩展、整合等操作进行训练（LeFevre and Bisanz，1986）。

（2）演绎推理

"演绎推理"是指从已有的事实和确定的规则出发，按照逻辑推理的法则证明和计算。

它能通过给定数量关系的转换、链接等操作进行训练。

此外，将能力训练融入课堂教学和课后练习，通过训练过程数据以及阶段性评估的数据，能够帮助老师了解学生的学习能力，有针对性地设计课堂内容和课后练习；通过跟踪能力发展变化，发现学生由哪些能力不足导致学习出现瓶颈，帮助学生突破数学能力上的障碍。

参 考 文 献

安德烈·焦尔当. 2015. 学习的本质. 杭零译. 上海：华东师范大学出版社.

陈单枝，朱莉琪. 2005. 儿童的决策行为. 心理科学进展，13（5）：606-613.

董琼等. 2014. 语素意识、语音意识和快速命名在学前儿童言语能力发展中的预测作用：来自追踪研究的证据. 心理与行为研究，12（2）：207-211.

何李等. 2020. 创造性的大脑网络连接特征与研究展望. 科学通报，（1）：7.

何茜，吴骏. 2019. 归纳推理在小学数学教材中的呈现. 课程教学研究，（6）：53-59.

胡进清. 2016. 目标引领、责任指路，唤醒学生自主学习的意识. 教师，（28）：23.

李红等. 2004. 个体归纳推理能力的发展及其机制研究展望. 心理科学，27（6）：1457-1459.

李虹等. 2009. 语素意识在学前儿童言语技能发展中的作用. 心理科学，32（6）：1291-1294.

李一茗，黎坚. 2020. 复杂问题解决能力的概念、影响因素及培养策略. 北京师范大学学报（社会科学版），（5）：36-48.

路海东. 2002. 教育心理学. 长春：东北师范大学出版社.

彭聃龄. 2004. 普通心理学（修订版）. 北京：北京师范大学出版社.

孙令达等. 2004. 汉族儿童实词习得研究. 合肥：安徽大学出版社.

沈汪兵，罗劲，刘昌，等. 2012. 顿悟脑的10年：人类顿悟脑机制研究进展. 科学通报，57（21）：1948-1963.

吴建设等. 2020. 汉语复合词视觉识别的时间进程：基于同形语素的行为与 ERP 证据. 心理学报，52（2）：113-127.

谢锡金，李黛娜，陈声珮. 2017. 幼儿综合高效识字法. 上海：华东师范大学出版社.

杨群，邱江，张庆林. 2009. 演绎推理的认知和脑机制研究述评. 心理科学，32（3）：646-648.

张华等. 2001. 4~8岁儿童视动整合能力发展及其与学业成绩关系的研究. 心理发展与教育，17（3）：5-8.

张珏. 2010. 期待，创造奇迹——一则"皮格马利翁效应"教育案例. 中小学心理健康教育，（9）：45.

赵兰兰，汪玲. 2006. 学习兴趣研究综述. 首都师范大学学报（社会科学版），（6）：107-112.

Ashby F G, Isen A M, Tueken A U. 1999. A neuropsychological theory of positive affect and its influence on cognition. Psychological Review, 106（3）：529-550.

Aspinwall L G, Richter L. 1999. Optimism and self-mastery predict more rapid disengagement from unsolvable tasks in the presence of alternatives. Motivation and Emotion, 23（3）：221-245.

Bandura A. 1977. Self-efficacy: Toward a unifying theory of behavioral change. Psychological Review, 84：191-215.

Buckley J, Seery N, Canty D. 2018. A heuristic framework of spatial ability: A review and synthesis of spatial factor literature to support its translation into STEM education. Educational Psychology Review, 30（3）：947-972.

Butterworth B, Varma S, Laurillard D. 2011. Dyscalculia: From brain to education. Science, 332：1049-1053.

Cameron J, Pierce W D. 1994. Reinforcement, reward, and intrinsic motivation: A meta-analysis. Review of Educational Research, 64（3）：363-423.

Chen H J. 2019. Preschoolers' knowledge of Chinese characters:

From radical awareness to character recognition. Journal of Early Childhood Literacy, （5）: 9.

Dehaene S et al. 2003. Three parietal circuits for number processing. Cognitive Neuropsychology, 20: 487–506.

Diamond A. 2012. Executive functions. Annual Review of Psychology, 64: 135–168.

Gardner H. 1991. The Unschooled Mind: How Children Think and How Schools Should Teach. New York: Basic Books.

Gentner D. 1983. Structure-mapping: A theoretical framework for analogy. Cognitive Science, 7 (2) : 155–167.

Gentner D. 2010. Bootstrapping children's learning: Analogical processes and symbol systems. Cognitive Science, 34 (5) : 752–775.

Gouet C et al. 2018. Cognitive and neural effects of a brief nonsymbolic approximate arithmetic training in healthy first grade children. Frontiers in Integrative Neuroscience, 12: 28.

Halberda J, Mazzocco M M, Feigenson L. 2008. Individual differences in non-verbal number acuity correlate with maths achievement. Nature, 455: 665–668.

Heit E. 2000. Properties of inductive reasoning. Psychonomic Bulletin & Review, 7 (12) : 569–592.

Hinton C, Miyamoto K, Della C B. 2008. Brain research, learning and emotions: Implications for education research, policy and practice. European Journal of Education, 43 (1) : 87–103.

Hulleman C S, Harackiewicz J M. 2009. Promoting interest and performance in high school science classes. Science, 326: 1410–1412.

Hyde D C, Khanum S, Spelke E S. 2014. Brief non-symbolic, ap-

162   New York: Random House.

Wu X et al. 2015. A meta-analysis of neuroimaging studies on divergent thinking using activation likelihood estimation. Hum Brain Mapping, 36（7）: 2703‑2718.

Yeung P S et al. 2011. Reading and spelling Chinese among beginning readers: What skills make a difference? Scientific Studies of Reading, 15（4）: 285–313.

Ziv A. 1988. Teaching and learning with humor: Experiment and replication.The Journal of Experimental Education, 57（1）: 4–15.

课堂重构，释放大脑学习潜力